1168

Das Buch

Seit über zwanzig Jahren produziert er elektronische Beats und gehört zu Deutschlands renommiertesten House-DJs. Nun hat Hans Nieswandt einen ehrgeizigen Plan: Nach zwei erfolgreichen Büchern über das DJ-Dasein ist die Zeit reif für einen großen Diskoroman. Schnell hat die Geschichte einen Helden, einen fantastischen Überbau und einen Namen: »DJ Dionysos« – denn ohne den Gott der rauschhaften Ekstase geht in den modernen Disko-Tempeln sowieso nichts. Doch kaum ist das Romanpersonal versammelt und der Bleistift gespitzt, kommt die Realität dazwischen und alles ganz anders als geplant ...

Statt brav an seinem Schreibtisch zu kleben, führt Hans Nieswandt das Plattenauflegen um die halbe Welt: von Hanoi bis auf transsibirische Tracks und nach Südafrika. Und auch an Orte, an denen DJs eher selten zu sehen sind – als Filmkomparse ans Set von Wim Wenders, als Shakespeare-Remixer ans Theater oder als Prinz zum Ballett. Verstärkt merkt er bei seinen Auftritten, wie viel sich in den Klubs verändert. Vor allem jüngere Kollegen frönen federleichten Files auf Laptops und vernachlässigen den Zauber des heiligen Vinyls. Das wäre doch auch etwas für seinen Romanhelden ...

Hans Nieswandt erzählt in diesem Buch von unvergesslichen Gigs und ungewöhnlichen Musik-Erlebnissen rund um den Globus – und schreibt wie nebenbei eine skurrile Geschichte über DJ-Generationskonflikte und den »Clash der Techniken«.

Der Autor

Hans Nieswandt, geboren 1964 in einer mittelgroßen Industriestadt namens Mannheim, ist seit über 20 Jahren ein respektierter wie aktiver Charakter in der Welt der DJ- und Klubkultur, der elektronischen Musikproduktion und des gehobenen Popjournalismus. Ausgedehnte DJ- und Vortragsreisen führten ihn rund um die Welt. Allein und im Team mit Whirlpool Productions erschienen bis heute sechs Alben und unzählige Remixe. Bei 1LIVE mixt Nieswandt seit Jahren jede Mittwochnacht eine eigene Radioshow. Mit »DJ Dionysos. Geschichten aus der Diskowelt« legt er bereits sein drittes Buch vor. Ein Mann, der auf vielen Kanälen sendet ...

Weitere Titel bei Kiepenheuer & Witsch

»plus minus acht. DJ Tage, DJ Nächte«, KiWi 674, 2002. »Disko Ramallah – Und andere merkwürdige Orte zum Plattenauflegen«, KiWi 933, 2006.

Hans Nieswandt

DJ Dionysos

Geschichten aus der Diskowelt

Mit Illustrationen
von Felix Reidenbach

Kiepenheuer
& Witsch

Verlag Kiepenheuer & Witsch, FSC®-N001512

1. Auflage 2010

© 2010, Verlag Kiepenheuer & Witsch, Köln
Alle Rechte vorbehalten. Kein Teil des Werkes darf in irgendeiner
Form (durch Fotografie, Mikrofilm oder ein anderes Verfahren)
ohne schriftliche Genehmigung des Verlages reproduziert
oder unter Verwendung elektronischer Systeme verarbeitet,
vervielfältigt oder verbreitet werden.
Umschlaggestaltung: Felix Reidenbach, www.dieniedlichen.de
Umschlagmotiv: © Felix Reidenbach, www.dieniedlichen.de
Gesetzt aus der Minion, The Sans und der Franklin Gothic
Satz: Felder KölnBerlin
Druck und Bindung: CPI – Clausen & Bosse, Leck
ISBN 978-3-462-04231-3

Inhalt

Never Give Up 11

Wie alles anfing 13

Big In Vietnam 23

Welcome To My House 46

Das Bier-UFO 52

Backroom Boys 61

Diskoszenen 68

Fürst Wurst 84

Romeo und Julius 93

Dennis Gets Deep 108

I Will Dance 116

DJ Dennis In The Mix 130

Die heilige Boombox 136

Auf dem Discolymp 146

Ebony and Irony 152

Imagine 167

Listenwesen 172

This is to all the DJs keeping it surreal

»The turntable is the cosmos.
A universe in each record.
A journey, an adventure.
A journey, a true adventure.
Journey, adventure.
Journey.
Needles rock, needles rock.
Music mixer and the mix.
A mixed-up mix.
Mix up your journey.
To the next journey.
Mixers rock.
Mixers rock.
From that instant
Journey
From that instant
Journey.
From that instant
Journey, journey.«

(DJ Takefumi in »Funky Forest«, Japan 2005)

Never Give Up

»You are my hero!«

Das hatte so noch keiner zu ihm gesagt. Nachdenklich nickte Dennis und setzte sich mit beiden Händen den Kopfhörer wieder auf, die linke Muschel auf das linke Ohr, die rechte hinter das rechte. Er senkte die Nadel behutsam auf die Platte, die er als Nächstes spielen wollte, »Synthetic Flemm« von Theo Parrish. Dann wirbelte er die Scheibe in einer für Außenstehende faszinierenden, rasenden Bewegung vorwärts bis zur Eins. Bis zu ihrem ersten Beat.

»Dionysos! You are my hero!«, hörte er es wieder rufen. »It's true!«

Er lächelte den fremden Jungen, der da vor seiner DJ-Box stand und zu ihm aufblickte, milde an und bemerkte dabei die Tätowierung auf dessen Arm: Never give up.

Später, draußen vor dem Klub, als er sich auf den Weg zur Straße machte, war ihm der Bursche immer noch auf den Fersen, mit zehn Metern Abstand. Kein Wunder – er trug ja auch seinen Plattenkoffer. Zwar hatte dieser eigentlich Rollen, nur nützten die im Sand am Strand von Barcelona nicht viel. Nach ein paar hundert Metern im Eiltempo – der Sand hatte sich in den Vormittagsstunden schon wieder kräftig aufgeheizt – erreichten sie einen hölzernen Steg, und schnaufend holte sein Fan auf. Abrupt blieb Dennis stehen und drehte sich um.

Es war gut, was er sah: eine Strandhütte, aus der die Farben und Töne förmlich herauszufliegen schienen. Ein Menschengewimmel darum herum, Lachen und Rufen und ein leichtes An- und Abschwellen der Musik, je nachdem wie der Wind sich drehte.

»Was willst du von mir?«, fragte Dennis seinen Träger und strich sich eine blonde Strähne aus dem bärtigen Gesicht.

»Ich möchte dein Schüler werden!«, stieß dieser hervor. »Du ... du bist Dionysos!«

»Mein Schüler?« Dennis lächelte versonnen. Auch er war mal ein Schüler gewesen. Vor langer, langer Zeit ...

Wie alles anfing

Am 18. März 2009 hatten sich auf einer Insel im Indischen Ozean bedeutende politische Umwälzungen ereignet, die Nachricht sprang mir beim ersten Blick in die Morgenzeitung entgegen wie ein Riesen-Mausmaki:

Früherer DJ ergreift die Macht
Andry Rajoelina regiert jetzt offiziell Madagaskar

Alles, was recht ist, die DJ-Kultur hatte es weit gebracht. Und das vor dem Frühstück. Man hatte ja schon so manches gehörtund sich auch schon so manches gedacht über die zivilisationsgeschichtliche Bedeutung und das gesellschaftsbeglückende Potenzial der DJs, aber das war doch eine neue Dimension. Alarmiert von solch einschneidenden Ereignissen versuchte ich sofort, mehr Informationen zu bekommen.

Zwar war der 34-jährige DJ Rajoelina unter zweifelhaften Umständen, durch einen *coup d'état*, an die Macht gekommen, aber immerhin hatte er unmittelbar nach Amtsantritt einen mehr als umstrittenen Deal mit der Firma Daewoo gecancelt. Der südkoreanische Konzern hatte vorgehabt, mehr oder weniger ganz Madagaskar zu kaufen, um dort Reis für den Heimatmarkt anzubauen.

Ein von den ohnehin nicht gerade im Reichtum schwimmenden Madegassen vermutlich zu Recht als »neokolonialistisch« empfundener Plan, dessen Unterbindung einer der Hauptgründe für Rajoelinas Popularität war. Er wirkte insgesamt frisch und modern, schließlich war er DJ, da kann man das praktisch voraussetzen. Mit seiner Philipp-Rösler-Frisur, jung und schlank im schwarzen Anzug, sah er im Grunde aus wie einer von der FDP. Er forderte mehr Demokratie für die Insel, mehr Schwung, mehr Öffnung. Das sinkende Maß an Freiheit im Lande hatte der bis dahin als Bürgermeister der Hauptstadt wirkende Überflieger offenbar immer besonders energisch angeprangert.

Kaum an der Macht, verkündete er, obwohl selbst ungewählt, dass es die nächsten zwei Jahre, bis das Gröbste geklärt wäre, besser erst mal keine Neuwahlen geben würde.

Offensichtlich wollte er halt die Musik spielen, die er für richtig hielt, ohne Hörerwünsche, erst recht ohne Volksabstimmung, das geht mir ganz genauso. Über den zur Stunde übrigens immer noch amtierenden DJ-Präsidenten ließ sich zwar so einiges in Erfahrung bringen, allerdings war es unmöglich, an die wichtigste Informationsquelle überhaupt heranzukommen, das Einzige, womit man die Qualitäten eines DJs, und damit, wie ich behaupte, auch seine Politikfähigkeit, verlässlich einschätzen kann: seine Playlists. Was hatte der Mann überhaupt aufgelegt? Was war sein Programm? Inwiefern hatte er, yo, Respekt verdient? Das musste man doch wissen! Hatte er die Playlists vor Amtsantritt etwa verschwinden lassen? Geschreddert wie alte Stasi-Unterlagen?

Grübelnd schlurfte ich ins Badezimmer. Unter der Dusche konnte ich am besten über derlei Dinge nachdenken, denn dort gab es garantiert keine Ablenkung von außen. Man konnte dort weder lesen noch telefonieren. Weil ich besonders gründlich nachdenken wollte, wusch ich mir extra die Haare und massierte dabei kräftig die Kopfhaut, damit die Gedanken noch effektiver um diesen seltenen Vogel aus Madagaskar kreisen konnten.

Anscheinend war er HipHop-DJ, so wusste ich inzwischen, und das sprach immerhin für einen Sinn für Skills. Hoffentlich hatte er davon mehr als die Designer meines Duschgels; es sabberte und sprotzte schon bei leichtem Druck wie wild aus der Tube. Dieser neuartige DJ-Präsident war sicher ein populärer Typ, davon konnte man ausgehen. Also kein esoterischer, obskurer Turntablist, sondern, so stellte ich mir vor, eher jemand wie vielleicht DJ Tomekk oder Hausmarke. Ein überall seit Langem bekannter, umtriebiger Junge, der stets amtlich die Crowd gerockt hat, somit einigermaßen beliebt und mehrheitsfähig ist, keineswegs unkommerziell orientiert, ohne dabei aber allzu dumpf zu werden. Eine vermutlich mehr als kontroverse These, über die man trefflich streiten könnte.

Ich hatte auch herausgefunden, dass Rajoelina wegen seines immensen Elans TGV genannt wurde, wie der französische Schnellzug, und so hatte er auch seine Partei getauft – als Abkürzung von »Junges Entschlossenes Madagaskar«, auf Madegassisch, versteht sich, falls man diese Sprache so nennt. Aber natürlich legte DJ Rajoelina schon seit Jahren nicht mehr auf, stattdessen hatte er sich offenbar zu einer Art Jung-Berlusconi gemausert (oder war dazu mutiert) und besaß, kein Witz, tatsächlich einen Fernsehsender namens Viva. Der von ihm ausgebootete bisherige Präsident Ravalomanana besaß übrigens ebenfalls eine TV-Station; insgesamt scheint man heutzutage gut beraten, eine moderne politische Karriere durch eigene Medienmacht zu flankieren. DJ Rajoelina hatte aber auch die erste Werbeagentur überhaupt auf der Insel gegründet und ich konnte mir gut vorstellen, dass dieser Drive, dieser von ihm gepuschte madegassische Modernismus etwas mit seinem DJ-Ansatz zu tun hatte. Entrepreneurs-Geist ist eine weit verbreitete Tugend in der Welt der Klubs, die Geschichte erfolgreicher, von DJs geführter Klubs und Labels ist lang, allerdings haben sie dafür eigentlich immer ihre Komplizen, die aus lustigen Ideen effektives Handeln machen. Dazu braucht es zum Beispiel Leute mit betriebswissenschaftlichem Verstand – der DJ an sich neigt ja prinzipiell eher zur Verschwendung, von sich und seinen Ressourcen, zum Wohle aller, zum Ruin aller. Da schien mir der logische Schritt vom DJ zum Politiker also allemal kürzer zu sein als der vom DJ zum Unternehmer. Trotzdem waren sie beide bisher selten. Rajoelina hatte als erster DJ das Kunststück vollbracht, sogar beides zu verbinden. Er kontrollierte nicht mehr nur einen Dancefloor, sondern ein ganzes Land.

Ich stieg aus der Dusche, hüllte mich in ein großes, buntes Handtuch und öffnete die Badezimmertür, damit der Dampf entweichen konnte. Es war wirklich erstaunlich. Hatte es das schon jemals gegeben, DJs in der großen Politik?

Mir fiel höchstens der bärbeißige und ultrarechte israelische Außenminister Avigdor Liebermann ein, zwar kein

DJ, aber immerhin ein ehemaliger moldawischer Türsteher, der das aus dem Nachtleben bekannte Prinzip der
»Türpolitik« quasi auf das ganze Staatswesen ausdehnt:
Israel als Klub mit einer »harten Tür« und den üblichen
Begleiterscheinungen, die zu Klubs mit harten Türen ge-
hören – sie erregen die Gemüter, eine Menge Leute leh-
nen sie prinzipiell ab, andere schätzen gerade diese Ex-
klusivität.

Doch obwohl auch ein Türsteher sicherlich seinen kulturellen Gestaltungsspielraum hat, etwa im soziologi-
schen Mix des Publikums – wer kommt rein, wer bleibt
draußen? –, ist es doch stets der DJ, dem letztlich ein
wirklicher Führungsanspruch zugebilligt wird. Schließlich geht er voran, er leitet durch die Nacht, er sollte das
Ziel, zum Beispiel die Grünen Auen oder die Biegung des
Flusses, kennen und den Weg dorthin, denn er ist natürlich immer schon ein Lied weiter als alle anderen. Erfreut
über diese erhabene Erkenntnis und deutlich erfrischter
ging ich zurück in die Küche, nicht ohne mir vorher eine
olivgrüne Jogginghose und ein gelbes T-Shirt anzuzie-
hen. Wen gab es denn noch, welcher deutsche Politiker
kannte denn überhaupt die Biegung des Flusses oder die
Grünen Auen? Die Grünen Auen? Genau, da war ja noch
DJ Dosenpfand!

Jürgen Trittin von den Grünen war mir schon vor Jahren in der Love-Parade-Fernsehberichterstattung positiv
aufgefallen. Er war überhaupt der Einzige, der mir dort
positiv auffiel. Ich sollte für die »Süddeutsche Zeitung«
einen Bericht über die damals noch in Berlin stattfindende
und inzwischen auf so fürchterliche Weise ad acta gelegte

Parade schreiben, und zwar mit dem Fokus auf die dort zelebrierte Musik. Weil ich an dem Tag aber in Tübingen war, verfolgte ich das ganze Spektakel im Fernsehen, so ähnlich wie den Rosenmontagszug. Nur: Wo es bei der Übertragung der Karnevalsparaden nach uralter Tradition von größter Wichtigkeit ist, jeden vorbeimarschierenden Spielmannszug auch namentlich zu erwähnen, das Repertoire zu diskutieren und das gerade gespielte Lied mitzusingen, kam bei der Fernseh-Love-Parade zu meiner Fassungslosigkeit die Musik aus dem Off. Eine bodenlose Frechheit, man wusste überhaupt nicht, welcher DJ da gerade welchen Sound spielend auf welchem Wagen vorbeizog! Vermutlich hatte der Regieassistent oder der Tontechniker ein bisschen Tech-House von zu Hause mitgebracht. Alles für bessere Klangqualität im Fernsehen, was aber bedeutete, dass hier das Eigentliche überhaupt nicht wirklich dokumentiert wurde, was wiederum bedeutete, dass das Eigentliche eigentlich niemanden wirklich interessierte, außer einen einsamen Chronisten in einem Tübinger Hotelzimmer.

Na jedenfalls stand da plötzlich Jürgen Trittin vor der Kamera am Zugweg und wurde von einer schrecklich inkompetenten Reporterin gefragt, ob das denn hier überhaupt seine Musik sei. Trittin darauf:

»Nee, also ich hör zwar schon mal Techno, aber eigentlich lieber so was wie St. Germain.«

Die Reporterin, ihn in eine Ecke drängen wollend: »Aha, also doch eher die erdige, hausgemachte Richtung.«

Trittin, sich total souverän in keine Ecke drängen lassend: »Nee nee, das ist schon ziemlich computerisiert, aber eben eher House, und was hier läuft, ist dann doch eher Techno.«

Chapeau, dieses Differenzierungsvermögen hatte ich so vorher noch bei keinem anderen deutschen Politiker erlebt, nicht mal bei Helmut Schmidt, obwohl der schon über neunzig ist. Später erfuhr ich dann, dass sich Trittin tatsächlich gelegentlich als DJ Dosenpfand betätigt. Anscheinend nicht nur aus politischem Kalkül – reine Poser-DJs fliegen sofort auf, Guido Westerwelle hat das auch mal versucht, in letzter Zeit blamiert sich Karl-Theodor zu Guttenberg gern auf diese Weise. Trittin aber scheint es gleichzeitig ernst zu nehmen und Spaß zu machen, und so liest sich auch seine Playlist, die ich im Gegensatz zu DJ Rajoelinas in zehn Sekunden im Netz gefunden hatte. Das Programm war korrekt, wenngleich rocklastig, mit Namen wie Franz Ferdinand, White Stripes, The Clash, Ton Steine Scherben, Scissor Sisters, David Bowie und T. Rex. Außer Die Ärzte und Panjabi MC hatte ich das meiste aus seiner Kiste auch schon gespielt. Performativ durfte man von Dosenpfand schätzungsweise nicht allzu viel erwarten, ich konnte mir nicht vorstellen, dass er beatmixte, von Juggling und Backspins ganz zu schweigen. Aber dafür gab es ja die Politik.

Ich öffnete den Wasserhahn und füllte den Teekessel. Man sollte Rajoelina wohl besser mit viel Skepsis begegnen, überlegte ich, stellte den Teekessel auf den Herd und schaltete ihn an. Wahrscheinlich hatte er gar nicht so phänomenale Skills. Am Ende würde er vielleicht noch ein Monster werden. Aber der Gedanke, dass ausgerechnet DJs für besonders gute Staatenlenker gehalten werden könnten, hatte unbestreitbar etwas. DJs konnten anscheinend heutzutage alle möglichen Aufgaben übernehmen, sinnierte ich, eben weil sie sich durch ihre besonderen DJ-Fähigkeiten und DJ-Sensibilitäten dafür qualifizierten: Vermittler in Tarifkonflikten, Moderatoren an runden Tischen, Vorsitzende von Ethik-Kommissionen. Das Thema beschäftigte mich aus persönlichen Gründen schon geraume Zeit. Für ein geplantes Buchprojekt hatte ich bereits einige Zitate in dieser Richtung gesammelt, um sie dem künftigen, noch undefinierten Werk voranzustellen:

»Gott ist ein DJ.« (Faithless)
»Gott ist tot.« (Nietzsche)
»DJ ist tot.« (Niemczyk)

Denn bisher hatten sich DJs ja weniger als Politiker, sondern eher als Priester profiliert. Praktisch vom Beginn der Diskokultur an waren Klubs mit Kirchen, Partys mit Gottesdiensten und DJs mit Pfarrern, Jesus, Gott, dem Heiligen Geist oder einer bizarr ineinandergefalteten Mischung aus allem verglichen worden. Doch warum? Was für eine Gemeinsamkeit bestand zwischen diesen Sphären, außer dass sich Menschen in einem Raum versammeln, im weitesten Sinne bewegende Musik gespielt wird und einer auf der Kanzel steht und (hoffentlich) den Laden rockt?

Der Teekessel pfiff los, in einem zunächst leisen, dann schnell ohrenbetäubend lauten Dmaj7-Akkord. Ich hatte ihn extra wegen seines Pfeiftons gekauft und im Kaufhaus sogar ein Testpfeifen veranstaltet, um den optimalen Kessel zu finden. Leider kochte er sehr langsam. Aber der

Sound war spitze, das wusste auch meine Nachbarschaft. Er hatte was von einer Luftschutzsirene, und ich hätte ihn zu gerne auf Platte gehabt. Ich spielte schon immer Sirenen aller Art beim Auflegen, mal Fliegeralarm, mal New Yorker Polizei, in bestimmten Momenten hatte das einen irrsinnig erhebenden Effekt.

Und das war es doch: Die Leute wollten erhoben werden, das war wohl die wichtigste Parallele zwischen Klub und Kirche. Heute haben die meisten Kirchen in Sachen Ekstase ja nicht mehr viel zu bieten, aber sehr viel früher muss es hoch hergegangen sein. Angeblich waren in den frühen christlichen Kirchen, vor Einführung der Bänke, Erscheinungen und Einfahrungen noch weitaus verbreiteter. Nicht zuletzt deshalb wurden wohl die Möbel eingeführt, wie Sitzplätze im Stadion, um das Außer-sich-Geraten für jedermann zu erschweren und es den Profis zu überlassen. Anders im Klub, wo jedermann gerne außer sich geraten darf und soll.

Ich schob zwei Scheiben Toast in den Toaster und eine CD in die Boombox auf meinem Kühlschrank, Carl Craigs und Moritz von Oswalds Mussorgsky-Interpretationen, mir war plötzlich auch so erhaben, so feierlich zumute.

DJ-Priester, DJ-Präsidenten, am Ende gar DJ-Philosophen? Es schien da etwas in der Luft zu liegen. Über die Verortung und Bedeutung der DJ-Berufung in der kollektiven Psyche hatte ich lange genug nachgedacht. Es wurde Zeit, das Thema im großen Stil anzupacken. Ein Schlüsselroman musste her, fett und prätentiös, am besten eine Saga. Die letzten Worte zum Wesen des DJs, zum DJ-Wesen, und auch der Abschluss meiner Trilogie über das Auf und Ab und das Hin und Her des DJ-Daseins. Nun war es Zeit für den »Zauberberg« der Klub-Kultur. Oder doch eher den »Moby Dick« des Djing? Den »Idioten« des Dancefloor?

Kühne Pläne, aber unter dem Eindruck der madegassischen Ereignisse formte sich in meiner Fantasie endlich schemenhaft ein Charakter, wurde klarer, und dann hatte ich meinen Helden gefunden, einen jungen DJ aus der Provinz, dem Großes wiederfährt: Dennis. DJ Dennis. Ja wahrhaftig, das sollte sein Name sein, Träger ungeheurer Bedeutung, die sich erst durch Transformation enthüllen würde, die erst im Verlauf der eigentlichen Handlung, parallel zum konkreten Schicksal von Dennis aufscheinen, sich als DJ-philosophischer Subtext offenbaren würde – hoffentlich auch mir. Denn war ich nicht selbst ein Zweifler, der Fragen stellte? Warum hat der nackte Affe, die humanoide Zivilisation überhaupt eine DJ-Kultur hervorgebracht? Was ist der Sinn der Disko? In welchem Maß ist die Gesellschaft den DJs eigentlich zu Dank und üppigen Leibrenten verpflichtet, ähnlich einem Klerus? Woher kommen DJs? Und wo zur Hölle gehen sie hin?

Ich stellte die Teetasse neben den Computer, spitzte den Bleistift, schob eine neue Patrone in den Printer, verschränkte meine Finger und drückte meine Hände durch, dass die Gelenke knackten. Da vibrierte mein Telefon.

»Hallo? Herr Nieswandt? Hier ist Hanoi! Schön, dass ich Sie erreiche! Bitte kommen Sie schnell, Sie werden dringend benötigt, wir haben hier deutsche Kulturwochen!«

Big In Vietnam

Der Konferenztisch hatte eine Platte aus schwerem Rauchglas und besaß vergoldete Beine. Ich hatte schon in ärmlicheren Disko-Hinterzimmern gesessen. Man hatte mir den Ehrenplatz am Kopfende zukommen lassen, zum einen, weil ich der Gast war, zum anderen, weil von mir sowieso kein Diskussionsbeitrag zu erwarten war. Außer mir saßen noch der Manager des Klubs und seine vier Assistenzmanager am Tisch, die er mir der Reihe nach vorgestellt hatte: den Musik-Manager, den Sound-Manager, den DJ-Manager und den Manager-Manager. Ich war in Begleitung meines lokalen Gewährsmannes und Freundes Tri-Minh erschienen, der hier kurzerhand, weil es die Umstände und Gebräuche nun mal erforderten, als mein Manager auftrat. Die Stimmung war ernst. Es ging um mich.

Ein Page in Liftboy-Uniform, eine Art vietnamesischer Spirou, kam mit einem großen, ebenfalls goldenen Tablett herein und stellte eine Flasche Remy Martin zwischen uns auf den Rauchglastisch, einen Eiskübel dazu und ein paar schwere Whiskeygläser. Alle Manager schwiegen für einen Augenblick, machten Pokerfaces und sahen ihm beim Abstellen zu, dann tauschten sie wieder ihre Argu-

mente aus, in scharfen, abgehackt wirkenden Wortwech-
seln. Es war sehr einsilbig, was in der vietnamesischen
Sprache aber ganz normal ist. Dort gibt es praktisch nur
einsilbige Wörter: Vang Kong Toi Khong Hieu! Also »Ja
nein ich verstehe nicht«, deshalb sagte ich auch nichts,
legte nur den Kopf schief, lächelte freundlich in die Runde und führte meine Fingerspitzen zusammen, als wenn
ich einen kleinen Ball drücken wollte oder, wie man es
Angela Merkel zugeschrieben hat, den Kopf eines kleinen
Kindes.

Schließlich wendete sich der Klub-Manager zu mir und
sagte:

»You know, we had a lot of problem here with western
DJ.«

Ich nickte mehrmals, nicht nur, weil ich verstanden hatte. Ich nickte auch, als ob ich für dieses Problem eine Lösung hätte, weil ich ja schließlich überhaupt kein Problem sein würde, was sich dann aber später doch als Irrtum
herausstellen sollte. DJ Dennis, der zukünftige Held meines sich seit Kurzem unter Konstruktion befindlichen
Romans, ja, der wäre vermutlich wirklich kein Problem
gewesen. Für ihn hatte ich mir schon eigens ein digitales
DJ-System ausgedacht, das sogenannte Scratchato. Dennis würde natürlich, genau wie alle vietnamesischen DJs,
auf die neuen Techniken schwören, ich dagegen würde
bald ein wenig alt aussehen mit meinen schönen Schallplatten.

Breakdancer hätte man werden sollen! Wie gerne hätte
ich jetzt mit dem großen Berliner Breakdancer Storm ge-
tauscht, der ebenfalls für die »Deutschen Kulturwochen
Hanoi« eingeflogen worden war und zur Stunde mit ein

paar fantastischen vietnamesischen Kollegen von der Gruppe »Big Toe« eine Choreografie für Samstag einstudierte. Die große »HipHop Dance and DJ Night« sollte der informelle Abschluss der Kulturwochen werden. In den Tagen davor hatte es Theaterinszenierungen von Friedrich Dürrenmatt und Filmvorführungen von Detlev Buck gegeben. Jetzt war Jugendkultur angesagt. Storm und die Big-Toe-Boys übten schon die ganze Woche, ich dagegen hatte Promotionauftritte für unsere gemeinsame Veranstaltung zu absolvieren. Einen davon im größten Klub von Hanoi, dem »New Century«, in dessen Hinterzimmer ich jetzt saß, der gespenstischen Manager-Debatte lauschte und meine Finger einen nach dem anderen zählte. Noch waren sie alle dran.

»New Century« war ein glänzendes Beispiel für eine in Asien weit verbreitete Vorstellung von der optimalen Beschaffenheit eines Klubs. Das Publikum bestand zum größten Teil aus Männern mittleren Alters in gestreiften Büro-Hemden, mit glasigen Augen und Goldkettchen und einer Flasche Remy Martin auf dem reservierten Tisch. Die einzigen Frauen hier waren entweder wuchtige australische Touristinnen oder winzige lokale Gogo-Girls, die blasiert-gelangweilt in Ultraminis auf der Bühne tanzten und dabei Kaugummiblasen machten. Fürchterlicher Hongkong-Techno ballerte aus gigantischen Lautsprechertürmen. Abgefeuert wurde er von einer DJane im Bustier, die in einer spektakulären DJ-Festung mitten im Raum thronte. Diese Festung allerdings sollte sich anderntags als alles andere als uneinnehmbar erweisen.

Ins »New Century« konnte man nicht einfach mit ein

paar Platten im Rucksack reinmarschieren wie in eine x-beliebige deutsche Underground-Disko, in die man im Übrigen auch nicht einfach mit ein paar Platten reinmarschieren kann. Deswegen war es notwendig, sich schon am Vorabend zu einer Art politischem Gespräch zu verabreden, damit mein Auftritt keine Schande über das Haus bringen würde und niemand das Gesicht verlöre. Nach zähem Verhandeln und unter dem fadenscheinigen Vorwand eines Soundchecks wurde schließlich für den kommenden Nachmittag ein Vorspielen angesetzt.

Mit den erwähnten paar Platten im Rucksack fuhren wir also tags darauf mit dem Motorroller wieder ins »New Century«. Auf dem Dancefloor kauerten jetzt einige Dutzend Mitarbeiter des Klubs und bastelten Dekorationen für die großen Feierlichkeiten zum baldigen Revolutions-Jubiläum. »Wir geben ihnen Nummern«, erklärte mir der Personal-Manager, »das ist für uns einfacher. Sie arbeiten hier sowieso nicht lange, weil sie so faul sind.« Er lachte und freute sich sehr über die billigen Arbeitskräfte, die man heutzutage für die Revolutionsfeierlichkeiten in Hanoi bekommen konnte.

Aus dem Keller hatte man die Plattenspieler hochgebracht und abgestaubt, sie waren schon sehr lange nicht mehr im Einsatz gewesen. Ich legte »Hi Freaks« von Jens Zimmermann auf, weil ich mir das für später in der Nacht ganz gut vorstellen konnte. Die Nadeln waren noch brauchbar, es klang eigentlich gar nicht so übel. Latente Zustimmung und Mitwippen vonseiten des Musikmanagers, aber Skepsis bei seinem Sound-Genossen. Er zeigte auf das Mischpult und gab meinem Manager ein paar einsilbige Hinweise, die dieser mir so übersetzte:

»Er sagt, dass du sorgfältig darauf achten musst, dass die Pegelanzeige immer im roten Bereich ist. Optimal ist es, wenn sich der Pegel überhaupt nicht mehr bewegt. Außerdem hat er gesehen, dass du unter 130 Bpm gespielt hast – besser ist 135, am besten 140.«

Ich runzelte die Stirn, schob den Masterfader langsam in den Maximalbereich, alles leuchtete und pulsierte rot – jetzt war es wirklich laut, als wenn ein Düsenjäger durch die Disko fliegen würde, als wäre ich ein Galeerenpauker, den die Dekorations-Sklaven jedoch in bewundernswert stoischer Weise ignorierten. Nach meinem Soundcheck zeigten sich dann doch alle ziemlich erleichtert, die einen, weil ich laut genug war, die anderen, weil heute Abend kein DJ mehr einen Finger verlieren würde. Als Showtime wurde 23 Uhr 35 bis 00 Uhr 20 festgelegt – ungewöhnlich kurz, okay, es war ja auch nur Promo, vor allem aber auch eine ungewöhnlich präzise Zeitansage. Dass es absolut ernst gemeint war, sollte ich wenige Stunden später feststellen können. Wir überbrückten die Zeit bis zu meinem Auftritt mit Essen, womit sonst. Jeder, der schon mal in diesem wunderbaren Land war, weiß, dass das vietnamesische Essen einfach unschlagbar ist, besonders, wenn man es in einem Garküchenrestaurant am Straßenrand mit den Knien am Ohr auf einem Mini-Kinderplastikschemel kauernd kaut und dabei Fett, Knochen und Knorpel einfach auf den Boden spuckt wie jeder andere auch.

Als wir gegen 23 Uhr erneut im »New Century« ankamen, war der Laden schon gut gefüllt. In der DJ-Box war der Resident-DJ mit seinen CDs zugange, die Pegel leuch-

27

teten ordnungsgemäß in ihrem Dauer-Rot, total bekloppt
bollerte der Hongkong-Tech-House. Obwohl die Kabine
eigentlich groß und geräumig war, fand ich keinen Platz,
um meine paar Platten abzustellen. Ich hatte die große
Kiste extra im Hotel gelassen und wieder nur einen Rucksack mitgenommen, damit wir mit dem Moped fahren
konnten. Aber selbst für diese zwanzig, dreißig Platten
fand sich kein anderer Fleck als der Boden. Hier war man
wirklich schon seit langer Zeit nicht mehr auf Scheiben
eingestellt.

Der Resident-DJ warf eine CD aus, ich reichte ihm die
Hand. Er sah mich irritiert an und schüttelte sie schlaff.
Der DJ-Manager sagte eine paar Worte zu ihm, er zuckte
mit den Schultern und räumte den Platz. Das war mir
unangenehm, aber ich konnte doch nichts dafür, dass
ihm offenbar keiner Bescheid gesagt hatte, dass heute
Abend noch ein problematischer Western-DJ auflegen
würde. Er nahm die CD-Player von den Plattenspielern
herunter, dabei entstand ein bißchen Kabelsalat, den er
leise fluchend entwirrte. Peinlich berührt übernahm ich.

Das Mischpult zeigte stolze 139 Beats pro Minute. Disko Gessner sollte hier mal spielen, dachte ich, der be-
rühmte Resident-DJ des Kölner Funky Chicken Clubs,
berühmt-berüchtigt dafür, selbst legendäre amerikani-
sche Gast-DJs strengstens zurechtzuweisen, wenn sie es
wagen, schneller als 128 bpm zu werden. Am besten 126.
126,5 wäre ideal.

Was das Abkanzeln großer Amerikaner betrifft, konnte
man in Hanoi aber ganz gut mithalten. Der Höchstgagen
erzielende New Yorker DJ Danny Tenaglia soll im »New
Century« eine schreckliche Bauchlandung erlebt haben

und wegen seines Schleichens von der Tanzfläche aus mit Feuerzeugen beworfen worden sein, die lahme Ente. Von meinen mir an diesem Abend zur Verfügung stehenden Platten blieben vielleicht zehn übrig, die ich überhaupt auf dieses irre Tempo beschleunigen konnte. Das ist ein großer Nachteil der Vinylschallplatte gegenüber der CD, verleiht ihr aber auch mehr Würde. Man kann CDs in absurd hohe Geschwindigkeitssphären schießen, und Audio Files noch viel höher. Und man kann sie auch bedeutend lauter spielen als Vinyl. Schallplatten sind nicht nur leiser und im Notfall langsamer, sie sind zudem auch anfällig für Rückkopplungs-Attacken.

All das machte mir nun zu schaffen, und doch bekam ich eine einigermaßen schmerzfreie Übernahme vom rasenden Resident-DJ hin, mit dem für jedermann schnell verständlichen Raketentechno-Hit »Blast« von Florian Meindl. Ein Track, den ich normalerweise nie als Opener spielen würde, sondern eher als Peak, als Climax, als Markierung maximaler Entgrenzung. Ein Teil des Publikums jubelte sogar ein bißchen, als ich jetzt per Mikrofon angekündigt wurde. Drei, vier Platten flossen einigermaßen ineinander über – es schien tatsächlich zu funktionieren! Es war halt mal etwas anderes für die Leute, Hauptsache, es hatte einen Affenzahn, eine knüppelnde Kickdrum und den krossen Crunch der roten Übersteuerung. Die versammelten Manager und der Resident-DJ sahen das ähnlich und begaben sich entspannt auf einen Remy Martin ins Hinterzimmer.

Das erwies sich schnell als nachteilig. Denn kaum stand ich mit dem vielleicht 16-jährigen Lichtmann allein in der Box, wurde ich von hinten angetippt. Ich drehte mich um und sah in das glänzende Gesicht eines jähzornigen Mannes um die vierzig, der sich mit dem Zeigefinger zunächst an die Stirn tippte und dann die Kehle entlangfuhr. Dort hing ein Goldkettchen. Ich verstand nicht, was er wollte, aber möglicherweise hatte es etwas mit meiner Musik zu tun. Ich machte eine beschwichtigende Geste und wendete mich wieder den Plattenspielern und dem Publikum zu. Mir fiel auf, wie unangenehm es war, beim Auflegen keine Mauer im Rücken zu haben. Als läge man in einem Bett in der Mitte des Zimmers, mit dem Kopfende zur offenen Tür. Ich überlegte kurz und sagte dann zum Lichtmann: »Get the other DJ back in here!« Der Lichtmann strahlte mich fröhlich an, sagte »Music is a nice«, hob den Daumen, senkte ihn dann wieder hinab und drückte damit auf die Nebeltube.

Der betrunkene Mann tippte mich wieder an und wiederholte seine pantomimischen Anklagen, jetzt noch etwas erregter. Es fiel mir zunehmend schwer, mich mit der Gefahr im Rücken auf die Tanzfläche zu konzentrieren. Dort agierte man inzwischen auch immer ratloser. Die Luft schien langsam rauszugehen, und die Hochgeschwindigkeitsplatten schnell zur Neige. Spaß machte das nicht. Das war alles in allem doch eine eher heikle Nummer hier, musste ich feststellen.

Der DJ-Manager schaute vorbei, stellte mir einen Cognac hin und erkundigte sich nach meinem Befinden. Ich sagte ein bisschen dramatisch: »Get the other DJ back in here! The mood is shifting against me!« Er runzelte die Stirn, schaute auf die Uhr und sagte: »But you have another 23 minutes! Everything is super! Smile!« Ich lächelte wie eine schlechte 3-D-Animation, wendete mich wieder den Plattenspielern zu und donnerte weiter, mehr Thor als Dionysos.

Als Nächstes spürte ich einen tüchtigen Schlag in den Rücken und dass meine Hose hinten feucht wurde. Neben meinen Füßen kullerte eine Bierflasche auf dem Boden wie beim Flaschendrehen. Letzte Spritzer sprühten noch auf meine dort liegenden Platten. Ich fuhr herum und sah, wie sich mein spezieller Goldkettchen-Feind bereits in einem wilden Handgemenge mit Leuten befand, die vielleicht fanden, dass er nicht gleich mit der Flasche hätte werfen müssen, bloß weil die Musik so schlecht war.

Das war mir hier eindeutig zu krass. Plötzlich ging alles ganz schnell. Ich ließ die Nadel über die laufende Platte rutschen, dass es sich anhörte wie bei einem Zugunglück. Krachend stoppte die Musik, Feedback heulte, das Publikum jaulte, es dauerte eine Weile, bis sich der Zwischenfall versendet hatte. Plötzlich waren auch alle Manager wieder da und es war überhaupt kein Problem mehr, dass der Resident-DJ vorzeitig wieder übernahm. In wenigen Sekunden hatte ich meine Platten zusammengerafft und stürmte aus dem Klub. Ein paar nette Kids reichten mir auf dem Weg nach draußen die Hand, klatschten mich ab, klopften mir solidarisch auf die Schultern und sagten »Good set! Good set!«. Kaum standen wir vor der Tür, kam auch schon mein Feind in hohem Bogen hinterhergeflogen, landete bäuchlings auf dem Asphalt, rappelte sich mühsam auf und torkelte davon. So verflüchtigte sich der Adrenalinschub recht schnell, und bald kam es mir schon wieder wie eine ganz gute Geschichte vor, die man irgendwann mal aufschreiben könnte.

Noch interessanter wäre es aber gewesen, wenn ich einen Abend später dort gespielt hätte. Denn da wurde der Laden in einer großen Razzia von 500 Polizisten hochgenommen, 1000 Personen wurden festgenommen und angeblich bei 700 Drogen gefunden, eine respektable Quote. Vietnam stand kurz vor der Wahl, die Behörden zeigten verstärkt Initiative. Jahrelang war das »New Century« protegiert worden, die Lokalpolitik hatte ihre schützende Hand darübergehalten, weil ein Ministersohn wohl gern dort verkehrte. Damit war es nun bis auf Weiteres vorbei. Als wir am nächsten Tag am »New Century« vorbeifuhren, standen immer noch zwei Mannschaftswagen mit Riot Police vor der Tür. Alle Achtung. Es hätte schlimmer kommen können.

»Welcome to the doors of passion! Die Türen der Leidenschaft. Die Türen zu den verbotenen Früchten der Liebe. Öffne sie! Und sieh, was dahinter ist ...«
Zwei mächtige Schläge auf die Kesselpauke folgten den zu einem düsteren, monsterhaften Grollen verlangsamten Worten. Dann blendete ich schnell in eine andere Platte über, bevor sich die Hamburger Hip-Hop-Gruppe Fischmob selbst zu preisen beginnen würde, denn das würde hier garantiert kein Mensch kapieren. Stattdessen forderte nun Dirk von Lotzow, sonst Sänger der Band Tocotronic, jetzt Stimme des Projekts Phantom Ghost, gravitätisch: »Relaxxxxxx...« Im Carsten-Jost-Remix nahm sich die Kickdrum sehr viel Zeit, bis sie endlich losmarschierte, aber dann war ihr Auftritt auch wahrhaft trium-

phal, als ob nach dem ganzen Orchester endlich der Sänger die Bühne betreten hätte.

Es war der dramatisch relaxxxte Beginn eines DJ-Sets. Allerdings nicht im Pudel Club in Hamburg oder an irgendeinem anderen Ort, wo all diese Namen und Zeichen bestens bekannt waren. Nein, es war die große Bühne eines Wasserparks in Hanoi. Vor mir tanzten ungefähr 3000 klatschnasse Vietnamesen, fast alles Jugendliche. Tagsüber konnte man hier in der grandiosen Vielfalt einer Planschlandschaft schwelgen, jetzt aber war es abends und die große »Hip-Hop And Dance Night« kam zu ihrem letzten Programmpunkt – zu mir. Seit einer halben Stunde regnete es in Strömen. Das hatte eben schon bei den Breakdancern toll ausgesehen, wie das Wasser in alle Richtungen spritzte bei ihren Sprüngen, und das änderte auch nichts an der erstaunlichen Begeisterung des Publikums über diesen DJ aus Deutschland, von dem die meisten Kids hier natürlich noch nie gehört hatten. »Relax, It's Only A Ghost« hatte jetzt Fahrt aufgenommen, ich cuete und pitchte emsig die nächste Platte, »Like You« von Gui Boratto im Supermayer-Remix. Dann fotografierte ich das Publikum in der gigantischen Regenwand, das wie wild jubelte und ravte. Ein magischer Moment. Ein Moment, in dem bis auf das Wetter endlich mal alles zusammenpasste, hier in Vietnam ...

Kaum ein Jahr war es her, dass ich zum ersten Mal in Hanoi gewesen war. Damals war es die zweite Station auf einer umfangreichen Recherche-Reise gewesen, die mich in sechs Wochen durch acht zum Teil weit voneinander entfernte Länder geführt hatte: Thailand, Vietnam, die Philippinen, Malaysia, Singapur, Australien, Neuseeland und Indonesien. Ich suchte nach Kandidaten für die »Asiapazifische Platte«, ein Projekt, das ich für das Goethe-Institut kuratierte und bei dem es im Wesentlichen darum ging, in all diesen Gegenden interessante Elektronik-Künstler zu identifizieren, passende Partner aus Deutschland für sie zu finden, auf dass fruchtbare musikalische Kollaborationen entstehen mochten, die sich hernach auf einer Compilation, eben der »Asiapazifischen Platte«, präsentieren ließen. Genau so kam es auch, doch bis es so weit war, hatte ich einiges an Kilometern zu fressen. An jedem Ort hielt ich mindestens einen großen Vortrag oder wahlweise einen Workshop ab und legte mindestens einmal auf, in Klubs oder bei eigens arrangierten Spezialveranstaltungen. Die übrige Zeit wurde ich in andere Klubs geführt oder traf mich mit DJs und Produzenten in Studios, Bars oder bei ihnen zu Hause. So schaffte ich es tatsächlich, sechs Wochen lang praktisch jeden Abend auszugehen, es sei denn ich hatte einen Reisetag.

Hanoi war auf diesem Trip die zweite Station nach Bangkok, und es war für mich ein unglaubliches Ding, ausgerechnet hierhin mit meinen Platten eingeladen worden zu sein. Der Kontrast zu Bangkok war riesig. Kaum hatte man das Flugzeug verlassen, wurde man von einer gepflegten, behaglichen Ostblockigkeit umfangen, allerdings bei 30 Grad im Schatten und 90 Prozent Luftfeuchtigkeit. Als wir uns der Innenstadt näherten, wurde das Mopedgewusel überwältigend. Die Choreografie war unbegreiflich. Oft wurde ein Moped von drei Personen gleichzeitig genutzt, das Kind mittendrin oder vorne schlafend auf dem Lenker. Gefahren wurde ohne Rücksicht auf Verluste, Regeln, Richtungen oder sonst etwas. Tatsächlich schien man gesenkten Blickes am besten über die Straßen zu kommen. Einmal fuhr ein Moped mit drei Mädchen an mir vorbei, die fröhlich winkten. Ich freute mich, winkte zurück und sofort hielten sie an und boten mir eine Massage im Hotelzimmer an, die ich aber ablehnte.

Auch das Hotel war ganz anders als in Bangkok. Dort hatte ich wie ein moderner Wellnessking des 21. Jahrhunderts gelebt, hier war es eher bescheiden bis anstrengend. Das Zimmer war im fünften Stock, ohne Aufzug. Ein Angestellter trug meine 30-Kilo-Kiste so schnell auf den Schultern nach oben, dass ich kaum hinterherkam und oben ganz aus der Puste war. Der Balkon war größer als das ganze Zimmer – und irgendwie fand ich es nach dem Upperclass-Style aus Bangkok wirklich schön, so wie es war. Wie in einem alten, billigen Kolonialhotel.

Es war schon ein merkwürdiger Kontrast: Einerseits ist Vietnam immer noch ganz deutlich eine sozialistische Volksrepublik, mit olivgrünen Uniformen, roten Sternen und eben diesem gewissen ostblockigen Charme, auf der anderen Seite regiert entfesselter Kapitalismus, der hier jeden zu größter Eile anzutreiben scheint. Die Infrastruktur könnte mal renoviert werden, okay, aber dafür gibt es überall WLAN.

Die vietnamesische Klubkultur ist von erlesener Seltsamkeit. Inspiration sind vor allem die südostasiatischen Adaptionen westlicher Klubkultur, die Kopien von Kopien – bis es schon wieder irgendwie originell wird, wie etwa im Fall chinesischen Gaga-Technos.

Trotzdem waren die vietnamesischen Hauptstadtklubs eindeutig viel zu daneben, um dort einen würdevollen Goethe-Gig abzuhalten. Mein erster Auftritt damals fand daher im lauschigen Innenhof des lokalen Instituts statt – ein weise Entscheidung. Reisenden in Hanoi sei dieser Ort sowieso sehr ans Herz gelegt, denn er verfügt auch über ein ausgezeichnetes Restaurant mit vietnamesischer und deutscher Küche und interessanten Cross-over-Kreationen wie Kraken-Buletten. Der dortige Gastronom hat sogar die ersten Döner-Buden Vietnams eröffnet, eine direkt vor der Tür, nicht größer als eine Telefonzelle, mit dem schönen Namen »Goethe-Döner«.

Auch diesen Auftritt hatte schon der gute Tri-Minh organisiert, der erste Elektronik-Musiker des Landes, außerdem umtriebiger Veranstalter und exzellenter Landeskenner, dem ich ebenfalls eine zukünftige politische Karriere zutrauen würde. Auf der Party erklärte er mir einen weiteren Aspekt, der das Goethe-Institut von Hanoi so attraktiv für Partys macht:

»All diese schönen und schlauen Studentinnen wären niemals in einen normalen Klub gegangen. Das hat ein ganz schlechtes Image. Aber zu einer Techno-Party ins Goethe-Institut, das ist etwas anderes. Das können sie ihren Eltern guten Gewissens erzählen und sie können sich hier frei und entspannt bewegen.«

Tatsächlich ließen sie spät in der Nacht – also gegen 22 Uhr – noch so richtig los. Doch zunächst war das Publikum etwas steif. Alle schauten mich an wie bei einem Konzert. Ich spielte »Mein Freund der Baum« und »Pure

Vernunft darf niemals siegen«, steigerte mich mit den »Royal Pennekaums«, dann gab es verschiedene technische Probleme, die ich aber zu meinem Vorteil nutzen konnte: der Sound fiel aus, nicht aber das Mikrofon, sodass ich Zeit hatte für ausführliche, zunehmend bizarre Ansagen:

»Die Energie deutscher Elektronik ist zu kraftvoll für hiesige Verstärker! Doch die eigentliche Überlegenheit deutscher Tracks liegt in ihren Intros – durch sie habe ich nie Probleme damit, ständig von vorne anzufangen.« Aber irgendwann funktionierte die Anlage wieder, irgendwann tanzten alle wie wild, und irgendwann gab es nicht nur Breakdance, sondern sogar Line Dancing in Perfektion zu sehen: The Hanoi Hustle, zu dem Stück »Timecode« von Justus Köhncke. Mit diesen fantastischen Eindrücken endete die erste Etappe und es wurde Zeit, weiterzuziehen.

○○○

»On my way to Manila, passengers sit row to row, the flight staff served the curry chicken, when I heard the turbine go, yeah.« (»Manila«, Seelenluft)

Meine nächste Station war Manila, die Hauptstadt der Philippinen. Manila wirkte irgendwie so gar nicht asiatisch. Die haben hier mehr das spanisch-amerikanische Ding am Laufen, verstand ich, aufgrund der andersartigen Kolonialgeschichte. Jeder hieß mit Nachnamen Sanchez oder Gonzalez, das Essen war frei von Koriander und Zitronengras, es gab vor allem Barbecue Pork. In den 70er-Jahren hatte Manila wohl mal eine dufte Disko-Szene mit eigenen Hits und Künstlern hervorgebracht, davon war jedoch nicht viel übrig geblieben. Global Tech-House dominierte auch hier die großen Klubs, aber mit etwas Glück fand ich bald das exzellente, progressive Elektronik-Duo Rubber Inc., bestehend aus Malek Lopez und Noel de Brackinghe, das mir die Stadt zeigte und das ich zu einer feinen Kollaboration mit den Gebrüdern Teichmann verpflichten konnte.

In Manila hatte ich aber auch einen sehr spaßigen Auftritt im Frühstücksfernsehen, in der Show »Rookie Of The Year«. Ich sollte DJ-Unterricht geben. Gnädigerweise musste ich dafür nicht morgens um sechs live ins Studio – erst nachmittags um drei wurde ich für die Aufzeichnung in ein Lokal bestellt. Man hatte dort eigens eine komplette DJ-Bühne aufgebaut, auf der bereits die junge Moderatorin wartete: Angel. So hieß sie allen Ernstes. Auf den Philippinen ist sie ein ziemlicher Star, wie in Deutschland vielleicht Gülcan oder so. Quirlig, frech und pseudonaiv wie diese jungen TV-Dinger nun mal sind, fragte sie mich als Erstes:

»Mister Hans, was ist das Mindeste, das ich können muss, um ein guter DJ zu werden?« Dafür hatte ich eine Standardantwort:

»Die absolut wichtigste Grundlage ist, dass man bis vier zählen kann.«

»Ah, okay: eins, zwei, drei … oooh!« Sie machte ein gespielt verzweifeltes Gesicht. Oh je. Ich beruhigte sie:

»Don't worry, Angel. Im Grunde reicht schon bis zwei. Du musst halt den Takt mitklopfen können.« Ich legte eine Platte auf – für die TV-Aufnahmen in Manila hatte ich extra den Elektro-Disko-Hit »Manila« der Schweizer Gruppe Seelenluft eingepackt – und gemeinsam klopften wir nun im Takt mit den Füßen. Angel war stolz und begeistert, als ob sie schon alles gelernt hätte.

»Gut, Mister Hans, und was sollen das hier alles für Geräte sein?« Gelangweilt zeigte sie auf die zwei Plattenspieler, zwei CD-Player und das Mischpult und steckte sich dann den dafür benutzten Zeigefinger wie einen Lolli in den Mund.

»Stell dir einfach vor, es wäre eine Kochshow – das sind deine vier Herdplatten und hier mit dem Mischpult regelst du die Temperatur – in unserem Falle also die Lautstärke.«

»Ah, wie beim Kochen, alles klar. Und was muss ich jetzt machen? Kann ich jetzt scratchen?«

»Oh nein, so schnell geht das nicht. Du musst erst lernen, wie man Spiegeleier brät, bevor du dich irgendwann an einem Soufflé versuchen kannst. Bitte, hier ist eine Platte – ich möchte, dass du sie jetzt auflegst, den Startpunkt findest und sie dann im Takt mit dem Manila-Lied startest!« Es war zugegebenermaßen viel zu viel verlangt von einer Anfängerin wie Angel. Tapfer den Kopfhörer ans Ohr klemmend versuchte sie meine Anweisungen umzusetzen.

»Das? Ist das der Anfang?«

»Der Anfang ist der erste Schlag, wenn man eben anfängt zu zählen – eins, zwei, drei, vier – ich meine eins, zwei, eins, zwei. Herrgott noch mal! Das kann doch nicht so schwer sein!«, schimpfte ich übertrieben streng und schlug die Hände über dem Kopf zusammen.

»Das kann ich nicht. Bitte, Mister Hans, zeig es mir so,

39

dass ich es verstehe«, jammerte sie mit flehendem Blick. Also gut.

»Okay, ich mach es wie ein Tennislehrer – entschuldige, ich führ dir mal grade das Händchen, ja?« Das war telegen, das war ein bisschen frivol – vor allem aber kapierte Angel nun tatsächlich, was die vermaledeite Eins in einem Takt ist. Jetzt wirkte es für sie ganz leicht, eine Art Mix hinzulegen – zu leicht, wie ich fand. Kokett fragte sie mich zum Schluss:

»Ach, das war alles? Dann könnte aus mir also eine gute DJane werden?«

»Hmm! Ich denke, du bist nicht unmusikalisch und kannst einen guten Track fühlen, wenn du ihn hörst. Aber um richtig gut zu werden, brauchst du natürlich verdammt viel Disziplin ...«

»Oh je! Dann bleib ich wohl doch lieber beim Fernsehen!«

○ ○ ○

Wer aber wissen will, welche deutschen DJs wirklich Weltrang haben, muss nach Kuala Lumpur gehen. Bei einer geselligen Abendessensrunde mit wichtigen lokalen DJs im empfehlenswerten, neokolonialistischen MiCasa Hotel erzählte mir der Musik- und Nightlife-journalist Jason Cheah, dass erst letzte Woche einer der allerberühmtesten DJs aus Deutschland in der malaysischen Hauptstadt gastiert habe.

»Und wie hieß der gute Mann?«, fragte ich, Reisnudeln schlürfend.

»Ronski Speed.«

»Wie bitte?« Ich verschluckte mich und musste husten. »Du musst schon entschuldigen, ich glaub, mit meinem Gehör stimmt irgendwas nicht. Ich hatte verstanden, du hättest Ronski Speed gesagt. Tja, Berufskrankheit. Wie war der Name doch gleich?«

»Ronski Speed«, sagte Cheah jetzt laut und deutlich.

Nie gehört, den Namen. Jetzt saß ich schön doof da in Malaysia, extra eingeflogen als angeblich großer Experte für elektronische Musik aus Deutschland, kannte Ronski Speed nicht und wirkte prompt wie ein soeben aufgeflogener Hochstapler. Meine Ignoranz wurde noch zementiert, als jemand die aktuelle Ausgabe des englischen DJ-Fachmagazins »Mixmag« aus der Tasche zog. Zufällig gab es in dieser Nummer eine Liste mit den 100 wichtigsten DJs der Welt. Und ebenso zufällig war Ronski Speed tatsächlich unter den Top 50, vor Sven Väth und DJ Hell. Typen, die ich für große DJs halte, wie, sagen wir, Koze aus Hamburg oder Dixon aus Berlin oder Michael Mayer aus Köln, tauchten in dieser Liste nicht mal auf.

Interessant: Die englische Musikpresse bestimmt also, welche deutschen DJs Weltgeltung erlangen. Denn diese englische Musik- oder besser gesagt DJ/Klub-Presse wird nun mal im Gegensatz zur deutschen weltweit gelesen und definiert so schon seit Ewigkeiten den Geschmack in allen ehemaligen Kolonien und Commonwealth-Mitgliedsstaaten. Beim Traveln in Südostasien stellt man fest, dass es sich dabei um eine ganze Menge handelt.

Das wäre nicht weiter tragisch, wenn sich die Briten nicht schon seit Ewigkeiten auf diese gewisse Superclub-Großraumtrancesoße eingeschossen hätten, die mit viel

Pomp und Pyrotechnik im Stile von Massengottesdiensten zelebriert wird. Meistens von Deutschen, wie Paul van Dyk, Blank & Jones oder eben Ronski Speed. Oder auch von Holländern: Armin van Buuren, Fedde le Grand, Tiesto et al.

Doch DJ Ray-Soo beruhigte mich:

»Es ist nicht so wie du denkst! Natürlich dominiert Trance die Klubs in diesem Teil der Welt. Aber es spricht sich mehr und mehr herum, dass das nur ein Teil des europäischen Sounds ist. Minimal wird immer mehr! Bei den intelligenteren Klubbern natürlich. Du wirst sie später treffen ...«

Denn später war ich Gast-DJ bei Ray-Soos Partynacht »Hotel Scandalos« im weitläufigen und opulenten Zouk-Club. Jeden Mittwoch traf sich hier eine sehr junge Szene lustiger und energiegeladener Leutchen in kanariengelben Trainingsanzügen, mit schwarzen Clark-Kent-Kassengestellen und niedlichen Hängerchen mit Zöpfen.

»Das sind alles Kunststudenten«, informierte mich Ray-Soo, als er zu mir in die Box stieß. Weil er bei meiner Ankunft noch nicht dagewesen war, hatte ich schon mal ohne ihn angefangen.

»Was, so jung sind die hier?«, staunte ich.

»Ja, die fangen direkt mit 18 an«, nickte Ray-Soo. Wir hatten uns zwar erst beim Abendessen kennengelernt, fühlten uns aber schon wie alte Freunde. Er war, genau wie ich (wahrscheinlich noch mehr), Experte für deutsche Elektronik und hörte sie nach eigenen Angaben seit dem vierzehnten Lebensjahr. Inzwischen war er Mitte zwanzig, ein smarter, schlanker Bursche, der das DJ-

Leben in voller Breite zelebrierte. Nach unserer ersten gemeinsamen Partynacht würde er für drei Tage verschollen gehen, und mit ihm mein Telefon. Der Floor, auf dem wir uns gerade befanden, hieß »Velvet Underground« und war der zweitkleinste im ganzen Zouk. Im Halbdunkel hätte es auch ein normaler, mittelgroßer, nett designter Klub in Berlin sein können. In Köln wäre das schon eine Sensation gewesen. Nach guter asiatischer Tradition tanzten die Klubber frontal mit dem Gesicht zum DJ. Um das Pult herum drängte sich eine niedrige Mauer aus jungen Männern mit Hornbrillen, die die Plattenspieler beobachteten wie bei einem Tischtennismatch. Ping. Pong. Ping. Pong ...

Welcome To My House

Pingpong. Er hätte es mal lieber mit Pingpong versuchen sollen. Lustlos warf Dennis den Squashschläger auf das Sofa, zog das Schweißband von der Stirn, setzte die Sonnenbrille ab und zog sich die Turnschuhe aus. Die große Wiederentdeckung dieser vergessenen Disziplin als Trendsportart hatte er sich irgendwie besser vorgestellt. Zwar hatte das von ihm schon im Vorfeld anvisierte Nu-Rave-Tyrolean-Apparal-Outfit mit grünem Stirnband und lila Satinshorts zu weißem Rippenunterhemd, weißen Kniestrümpfen und raren Toyoda-Sneakers irgendwie sehr, sehr gut auf den Court gepasst. Seine Darbietung hingegen war erbärmlich gewesen, wie die eines Anfängers, der er ja auch war. Tatsächlich hatte er soeben zum allerersten Mal in seinem Leben Squash gespielt, gegen den kräftig gebauten vierunddreißigjährigen Soul-DJ Kool Jörg, der das schon machte, seit er fünfzehn war, über seine Bänder und Gelenke klagte, ihm aber die Bälle um den Kopf gedroschen hatte, dass Dennis schwindlig wurde. Schon bald hatte er jeden Ehrgeiz auf dem Spielfeld aufgegeben. Insofern war er jetzt auch weniger erschöpft als abgetörnt.

Auf dem Weg zur Toilette hörte er Musik aus Blaires Zimmer. The White Stripes, merkwürdig, das sah ihr eigentlich gar nicht ähnlich. Normalerweise lief ständig der Fernseher. Ansonsten war es mit ihr gut auszuhalten – wenn er morgens, na ja, gegen zehn aufstand, war sie längst in der Firma, wenn sie zurückkam, war er meistens irgendwo unterwegs. Sie sahen sich selten und nervten sich nicht. Außerdem hatte sie einen Putzfimmel. Das war genial. Es war nicht so, dass ihm generell die Bereitschaft zum Putzen gefehlt hätte, aber er bekam einfach nie Gelegenheit dazu. Immer war alles schon herrlich sauber, und nie gab es einen lästigen Konflikt deswegen!

Im blitzblanken Bad setzte sich Dennis auf die Toilette, dabei musste er nur pinkeln. Aber seit Blaire eingezogen war, lagen immer Magazine wie »Neon« oder »Missy« im Bad herum und so ließ sich dort gut ein bisschen Zeit mit Unterwäsche-Fotoseiten oder Sextipps für Mädchen vertrödeln. Und es roch auch immer so frisch. Nachdem er stirnrunzelnd einen langen Artikel darüber gelesen hatte, dass Jungs nur im Stehen pinkeln können – was für ein anachronistisches Klischee! –, stand er auf, drehte den Wasserhahn auf, wusch sich dann aber doch nicht die Hände, sondern benetzte nur die Fingerspitzen, um sich damit die Haare zu richten. Im Spiegel sah er einen okayen Typen: In präzise gezwirbelten Spitzen standen seine Haare zu einem Zyklon arrangiert etwa ein Fingerglied hoch über einem schlanken Schädel – oben eine dünne Schicht blond, das nach unten hin in seinen natürlichen Braunton überging. Über der Oberlippe ein feines Schnurrbärtchen, um den anmutigen Hals ein dünnes Lederband mit einem Maori-Amulett aus Jade. Er nahm einen Kajalstift aus Blaires Kulturbeutel und zog sich die Augenlider nach. Er hatte das mal bei Superpitcher gesehen, als der im »Club Cro Magnon« aufgelegt hatte. Genau wie Superpitcher hatte er diesen sehr feingliedrigen, fast zarten, aber doch drahtigen, gut definierten Körperbau. Anders als Superpitcher war seine Haut aber nicht aristokratisch blass,

sie schimmerte eher bronzen im Schein der Badezimmer-
lampe.

Im Flur roch es nach Grass. Auch das war ungewöhnlich für
Blaire. Seit wann quarzte sie denn? Er fand sie in der Küche, wo
sie gerade dabei war, Ingwertee aufzugießen. Am Tisch saß ein
langhaariger Kerl in seinem Alter, bequem zurückgelehnt, blond
und breit lächelnd, in einem offenen, karierten Flanellhemd.
Auf dem T-Shirt darunter erkannte Dennis die Worte »Fuck You
Stupid Shit«. Blaire setzte den Wasserkessel ab, lächelte Dennis verklärt an und sagte:

»Das ist Josh. Josh, this is Dennis. He is my roommate. He is a
DJ.«

»Yo, dude! That's fucking awesome, man! Nice to meet ya,
Dee!«

Dennis brauchte einen Moment, um die Situation zu sortieren.
Blaire hatte anscheinend einen Liebhaber. Einen Amerikaner,
einen Westcoast-Lover, wenn er das richtig hörte. Einen lauten
Amerikaner mit großen, gesunden Zähnen.

»It's a pleasure. Welcome to my house.« Nie ließ er eine Gelegenheit ungenutzt, Blaire daran zu erinnern, dass er zuerst hier
gewohnt hatte und sie genau genommen seine Untermieterin
war. Sollte es also jemals auf die Frage hinauslaufen, wer gehen
müsse, stand die Antwort jetzt schon fest. Nicht, dass er wünsch-
te, dass es bald so kommen möge, oh nein, nur das nicht. Am
liebsten wäre er sofort wieder ins Badezimmer gegangen, um ein
Bad in der frisch gewienerten Wanne zu nehmen.

»So you're a DJ, right? Whadda you play man? You're playing
any rock?« Josh hatte sich bereits auf dem Küchentisch mit seinen Papers und dem naturbelassenen Tabak breitgemacht und
richtete sich wohl auf das ein, was Joachim Lottmann vielleicht
eine gemütliche Labersession nennen würde. Immerhin war er

neu in Deutschland, gerade erst von Holland kommend hier gestrandet und, plumps, in ein wirklich nettes und vor allem sauberes Nest gefallen.

Dennis setzte sich erst mal wortlos auf den Stuhl, auf dem sonst Blaire saß, weil Josh auf dem Stuhl saß, auf dem er sonst saß. Blaire wischte die Ingwerreste auf der Arbeitsplatte zusammen und warf sie in den Müll, dann wischte sie noch mal über die Arbeitsplatte und auch die Kacheln hinter dem Herd, man konnte sich nie sicher sein. Dann stellte sie zwei Tassen Tee auf den Tisch und setzte sich auf die nun blanke Arbeitsplatte.

»I think you don't like it so much what Dennis plays«, sagte sie lachend zu Josh.

Dennis nahm sich eine Tasse, setzte sie aber sofort wieder ab, der Scheißtee war viel zu heiß. Er mochte Ingwertee, aber nicht so gern den selbst gemachten, es gab da so eine Beutelversion mit Zitrone aus dem Bioladen, die war super, die liebte er, wie hieß sie denn bloß noch?

»Elektro«, sagte Dennis. »Im weitesten Sinne. Sorry. In the widest sense. Do you say so?«

»I getcha, dude. Wow, Electro. Continue.«

»It's a funky kinda tech-housy … journey kind of thing, I think. You know what I mean?«

»Sure, dude. I know what you're talking about. Great. Great music. Great scene. Great girls …«

Na, dieser Josh war ja ein Schlawiner. Und ein Opportunist! Eben hatte er noch gefragt, ob er Rock spiele. Jede Wette, das war seine White-Stripes-Playlist, die da immer noch von Blaires Laptop herüberrockte. Und jetzt tat er plötzlich so, als ob er voll auf Techno stehen würde. Unglaubwürdig. Ganz unglaubwürdig. Dennis sah Josh an, machte eine Geste zu den Papers und sagte:

»So you like to smoke, ja?«

49

Josh grinste und holte ein Zippo-Feuerzeug aus seinen Baggy Pants. Er ließ es in einer einzigen bemerkenswerten Bewegung aufschnappen und anspringen, zündete den Joint an und sagte:

»Is the pope catholic?«

Blaire blickte von dem Magazin auf, in dem sie geblättert hatte, seit die Jungs über Musik redeten, verzog ein bisschen die Nase angesichts des strengen Geruchs und sagte:

»Ach Dennis, da war vorhin übrigens ein Anruf für dich. Eine Dalia, Dalia Lama, die meinte, sie würde dich gerne mal buchen. Für einen Laden, wie hieß der noch, Josh? Wehrhaus? Nie von gehört. Ich hab ihr jedenfalls deine Handynummer gegeben.«

Dalia vom Wehrhaus. Dennis wurde schon wieder ein wenig schwindelig. Kein Wunder, dass Blaire den Laden nicht kannte – erstens hatte sie sowieso keine Ahnung, und außerdem befand sich der Klub auch überhaupt nicht hier in der kleinen Uni-Stadt, in der sie ihr Dasein fristen mussten. Das Wehrhaus war in der Landeshauptstadt, eine ehemalige Feuerwehrwache, die zu einem spektakulären Klub umfunktioniert worden war. Ein Laden mit internationalem Booking, letzte Woche war erst Detroit Grand Pubah dagewesen, mit einer erschütternden Funktion-One-Anlage und einer Crowd, die als extrem enthusiastisch und kenntnisreich galt. Mann, was für ein Ritterschlag für ihn!

Er sah auf sein Telefon – tatsächlich waren dort bereits ein unbekannter Anruf und eine Mailboxnachricht vermerkt. Und die war wirklich von dieser Dalia. Ob er in drei Wochen samstags zum Auflegen kommen könnte? Fände sie total toll.

»Samstag in drei Wochen bin ich im Wehrhaus«, stammelte Dennis, nachdem er die Nachricht abgehört hatte.

»What is that?«, fragte Josh.

»It's one of the best clubs in Germany. The Wehrhaus is legendary!«, japste Dennis.

»Wow – can I come with you?«

»Okay«, sagte Dennis, obwohl er sich nicht sicher war, ob er es wirklich so okay fand.

Das Bier-UFO

In Deutschland war es inzwischen Winter geworden. Ich schrieb so gut ich konnte an meinem Opus Magnum über die gerade erst beginnende Odyssee des jungen DJ Dennis, aber weil das Geld nicht von allein mit der Post kam, musste ich den harten, einsamen, aber auch konzentriert-fokussierten Schreibtischstuhl am Wochenende immer wieder verlassen, um in die herrliche, gesellige Welt der Klubs einzutauchen und dort schaffen zu gehen, wie es meine Mutter nennt. Dabei ging es nicht immer nur nach Honolulu oder Timbuktu. Exotik kann so nah sein, man muss nur mal ins Hochsauerland fahren ...

Der Klub, in dem ich spielen sollte, befand sich nicht mal in einem richtigen Ort, es war kein Dorf, nicht mal ein Weiler, er stand einfach an einem Kreuzweg bei einer Pesteiche nahe dem Wald der toten Seelen herum. Ja, wahrhaftig, es war wie in einem Horrorfilm!

Die nächste größere Ansiedlung, ein Ort mit Intercity-Anschluss also, hieß Hagen, berühmt für die Sängerin Nena und auch dafür, dass dort die Treppen bzw. die Trittbrettstufen der Züge nicht ganz ausgefahren werden können. Ich konnte allerdings feststellen, dass sich das inzwischen gebessert hatte. Es war Vorweihnachtszeit, ein

Advents-Samstag, als ich in Hagen in den Sauerland-Express Richtung Meschede einstieg. Der Waggon quoll über vor beschwipsten Rentnern mit Nikolausmützen, die jetzt auf dem Heimweg waren nach Oeventrop – ein gewaltiges Ereignis für diese Menschen, so eine Zugfahrt von Oeventrop nach Hagen und zurück. Erschöpft, aber glücklich kauten sie auf Wurstsemmeln herum, bis auf eine Frau, die immer wieder in ein entsetzlich schreiendes Lachen ausbrach.

Am Bahnhof Meschede wurde ich von Bobby, dem Fahrer und Organisator, abgeholt und ließ den letzten Außenposten normaler urbaner Zivilisation in Gestalt eines McDonald's hinter mir zurück. Bobby brachte mich in seinem stark verwarzten Golf über kurvige Landstraßen zu meiner heutigen Herberge. Im immer dichteren Nebel hatten wir die unauffällige Abfahrt bald mehrfach verpasst und uns auf verschiedenen Forstwegen und landwirtschaftlichen Pisten verbiestert. Irgendwann aber rief Bobby mit heiserer Stimme:

»Dorten! Dort ist sie! Das muss sie sein!«

Wie in einem Spielberg-Film, wie ein in einem Waldstück notgelandetes Raumschiff, lag sie vor unseren Augen: die Warsteiner Welt, das riesige Erlebniscenter dieser bedeutenden Biermarke. Ich hatte bis dahin gar nicht gewusst, dass es für Bier etwas Derartiges gibt. Und auch nicht, dass man dort, schon gar nicht als DJ, einfach so übernachten kann wie in einem Hotel. Homer Simpson hätte es geliebt und wäre nie wieder ausgezogen. Eine leuchtende Brücke führte hinauf zum Hauptgebäude, nachdem man vorher einen Obelisken mit dem Markenwappen umrundet hatte. Überall zierten die bronzenen

Kuppeln der Sudkessel das Gelände, wie die Zwiebel-
türme den Kreml. Bobby setzte mich vor dem Eingang
ab, tippte an seine Mütze und meinte, um Mitternacht
würde er mich wieder abholen, ich solle mich bereithal-
ten.

Ich betrat die riesige, gläserne, mit Bier-Bannern
geschmückte Lobby. Die natürlich ebenfalls von einer
Bronzekuppel gekrönte Rezeption war nur besetzt, weil
gerade eine Weihnachtsfeier für eine weitere mit Nikolausmützen dekorierte Seniorengruppe stattfand. Die alten Herrschaften saßen bereits beim Dessert und sahen
mich misstrauisch an, sie hielten mich vielleicht für die
letzte miese Attraktion des öden Abends. Es war alles sehr
zombiehaft, aber am Empfang war man freundlich – die
Dame verstand sofort, dass ich mich in einer für mich
seltsamen und fremden Welt aufhielt. Ob denn die Küche
noch geöffnet sei, fragte ich sie mit hungrigen Augen,
doch Abendessen gab es heute nur für Greise mit Anmel-
dung. Nicht weit entfernt gäbe es aber einen Reiterhof,
den oder das Pückers Hoff, dreimal musste ich nach-
fragen, ohne es zu verstehen; der hätte noch geöffnet, da
würde ich bestimmt noch eine warme Mahlzeit bekommen, wenn ich mich beeilte.

Mutig, weil hungrig, schlug ich mich in die Dunkelheit
und marschierte zurück über die Brücke, an der, wie ich
erst jetzt bemerkte, Repräsentationsschilder aller deutschen Bundesländer angebracht waren. Überall gab es
Warsteiner. In jedem Bundesland. Am Obelisken vorbei,
links unter mir, sah ich Licht und stapfte aufs Geratewohl
durch eine Wiese darauf zu. So kam ich zu Pückers Hoff.
In der großen, rustikalen Raucher-Stube eines hässlichen

70er-Jahre-Baus saß ich bald ganz allein und wurde von den Wirtsleuten schon wieder sehr verständnisvoll bedient, wie ein Wanderer, der sich verirrt hat. Als ich gut gesättigt war, mit Braten, Brot und Beilagensalat, ging ich zurück in das Bier-UFO, und entlang von gigantischen Biergläsern in Vitrinen, viel größer noch als die, aus denen man nach dem Gewinn von Fußballtrophäen den Trainer begießt, endlich auf mein Warsteiner-Welt-Zimmer. Auch dort waren die Möbel rustikal und die Bettwäsche sogar rot-weiß kariert, aber es gab eigentlich nichts auszusetzen, außer vielleicht an der ziemlich einseitigen Bierauswahl in der Minibar. Ich warf den Rechner an, öffnete den frisch angelegten »Dionysos«-Ordner und ein Bier und begann, eine neue Szene zu skizzieren, die erste Disko-Episode. Hier war es echt ruhig. Mann, hier konnte man sich wirklich konzentrieren. Hier war man aus der Welt, in der Warsteiner Welt.

Kurz vor eins wurde ich endlich abgeholt, ich hatte schon eine ganze Weile aus dem Fenster auf die leuchtende Brücke gestarrt, wann Bobby denn nun wiederkäme, ob er mich vergessen hätte? Doch irgendwann schnaufte sein alter Golf die Auffahrt herauf, und nach noch einer kurvigen Fahrt vorbei an kleinen Kapellen und Unfallgedenkkreuzen durch das undurchdringliche Dunkel dieser Gegend hatten wir unser Ziel erreicht – ein Haus im kalten Nichts, davor nur wenige Autos, in der Provinz ein Menetekel. Die Heizung sei ausgefallen, hatte Bobby auf der Fahrt bereits ahnungsvoll geraunt. Wie es schien, hatten sich viele Gäste deshalb schon längst wieder verabschiedet.

Drinnen erkannte man schnell, dass dies ursprünglich

55

eine, auf ihre eigene Art ebenfalls rustikale, Goa-Disko gewesen sein musste. Schon im Eingangsbereich, einem schmalen Schwarzlicht-Tunnel, verfing ich mich in einem klebrigen Netz aus weißen, fluoreszierenden Schnüren, die ich für eine Wandbemalung gehalten und an die ich mich deshalb einfach angelehnt hatte. Die Partys der sogenannten »Bunten« waren in der Gegend aber nicht mehr so erwünscht. Stattdessen machte man hier jetzt sozusagen in Schwarz-weiß, also in Techno, was aber zumindest für die örtliche Landbevölkerung mehr oder weniger auf das Gleiche hinauslief.

Der Laden war in der Tat nur ziemlich dünn besucht. Fast niemand hier schien älter als zwanzig zu sein. Später fragte mich einer, ob ich wirklich schon über dreißig sei, jemand hätte das behauptet. Ich traute mich nicht zu sagen, dass ich sogar schon über vierzig war. Das ist die alte Krux am elektronischen Gesellschaftsleben der Provinz: nach dem Abitur bricht eine ganze Alterskohorte weg, Jahr für Jahr, weil sie zum Studieren in die großen Städte zieht. Schon vorher Menschen von weiterem Horizont, erweitern sie diesen dort zusätzlich, während die Zurückgebliebenen zunehmend stagnieren und aufhören auszugehen, weil man in der Landdisko nur noch die Jugend trifft – und auf gescheiterte alte Säcke.

Für einen Augenblick fragte ich mich, ob ich dazugehörte. Um solch trübe Gedanken aber schnell wieder aus meinem Bewusstsein zu verdrängen, übernahm ich zügig von den zwei jungen Soester DJs, die hier ebenfalls zum ersten Mal auflegten und froh waren, endlich abgelöst zu werden, damit sie ihre Jacken wieder anziehen konnten. Ich fand es zu kühl, um die Jacke überhaupt auszuziehen, und begann sofort, mit straffem Techno einzuheizen. Allerdings mit wenig Erfolg. Ein paar sorgfältig frisierte, höchstens volljährige Jungs trotzten an der Theke den Temperaturen, man sah sofort, dass sie in spätestens einem Jahr, nach dem Abitur, nicht mehr hier, sondern in Köln oder Berlin wohnen würden. Außer dem einen tragischen Fall, der den Absprung nicht schaffen würde. Diese jungen Styler dancten manchmal ein wenig herum, und ab und zu kam einer rüber und erkundigte sich nach der gerade laufenden Platte, lief zurück zu seinen Kollegen, sie tuschelten und schauten dann zu mir rüber. Ganz ähnlich stellte ich mir meinen Romanhelden Dennis vor – ein Landei, aber mit Zukunft.

Nach zwei frostigen Stunden, in denen es weder voller noch leerer wurde, ja in denen praktisch komplett die Zeit und auch alles andere eingefroren schien in einem monotonen Technoloop, fand ich, dass es genug sei. Ich suchte Bobby, er saß traurig und bibbernd an der Bar und meinte:

»Es war nicht so richtig viel los, oder?«

Ich sagte:

»Hör mal, ich denke, für das, was es war, war es okay. Die, die da waren, haben es zu schätzen gewusst, glaube ich. Haben die drei jedenfalls gesagt. Ich würde mich jetzt aber dann doch lieber vom Acker machen. Lass uns doch mal ...«

Natürlich wusste er, worauf ich hinauswollte, und unterbrach mich mit tonloser Stimme:

»Das Problem ist: Der Chef ist nicht da.«

Aha. Der Chef war nicht da. Bobby war also gar nicht

57

der Chef. Aber das machte ja nichts. Hauptsache, der Chef hatte die Gage dagelassen.

»Das macht doch nichts. Du kannst mir ja trotzdem die Gage geben, oder?«

»Eben nicht. Nur der Chef kommt an die Kasse. Der müsste aber irgendwann wiederkommen. Der ist nur irgendwohin.«

Soso, irgendwo, irgendwann, das Lied kannte ich. Bobby wirkte niedergeschlagen und mutlos. Ich konnte und wollte jetzt aber keine Verlängerung des Dramas mehr ertragen. Daher sagte ich:

»Aha, ja, gut, okay, aber ich will hier jetzt auch nicht mehr ewig so ungewiss rumhängen. Pass auf, wir machen das so: Du musst mich doch morgen sowieso wieder abholen und nach Meschede fahren. Dann bring mir doch einfach die Gage mit, ich quittier dir das dann morgen, oder? Dann könnte ich jetzt nämlich wirklich mal so langsam abhauen.«

»Gute Idee, lass es uns so machen«, sagte er müde.

»Ich muss mir doch keine Sorgen machen, oder?«, fragte ich.

»Nein! Ruf mich einfach an, wenn du wach bist, dann komme ich dich sofort holen.«

»Na gut Bobby, dann lass uns jetzt mal zum Hotel fahren.«

»Das Problem ist: Ich kann dich nicht mehr fahren. Aber ich werde versuchen, jemanden zu finden, der dich fährt.« Er stand von seinem Barhocker auf, etwas unsicher, leicht schwankend, aber von einem plötzlichen Tatendrang erfüllt. Das erschien mir obskur, ich schlug vor:

»Dann ruf doch ein Taxi.«

Aber Bobby war fest entschlossen, hier und jetzt einen Ersatz für sich selbst zu finden.

»K-k-keine Sorge, ich organisier das.«

Wenig später standen zwei respektable, russische Tür-Kämpfer mit Bürstenfrisuren und Camouflage-Jacken vor mir. Die würden mich fahren. Da gab es nichts mehr zu diskutieren, schon saß ich auf dem Rücksitz einer schweren Mercedes-Limousine mit herrlich buntem Lichtspiel im Armaturenbrett. Der Beifahrer drehte sofort die Musik voll auf. Es war eine beeindruckende Anlage, der Bass wummerte los wie eine riesige Saugpumpe, ein Mix-Tape mit Russentechno, was man daran erkennen konnte, dass das Intro lasziv von einer Dame gekeucht wurde, die die Namen sämtlicher russischer und ukrainischer Dance-Metropolen aufzählte: Moskau, Kiew, Omsk, Tomsk ...

Bald hatten wir die Abzweigung erreicht, die von der Landstraße zur Warsteiner Welt führte. Als wir eine Weile durch die Finsternis gefahren waren, hielt der Wagen plötzlich an. Stille. Nichts geschah. Die beiden imposanten Krieger schwiegen. Dann sah der Beifahrer den Fahrer an, nickte und stieg aus. Er verschwand hinter dem Auto. Mir wurde unheimlich. Die ganze Zeit hatte ich mich damit beruhigt, dass das alles ja eine ziemliche Komik hatte. Doch das hier war mehr als sinister. Ich fragte den Fahrer, was mit seinem Kumpel los sei.

»Chat zu viel gesofen«, sagte er lässig. Ich drehte mich um. Tatsächlich, da hinten hockte er und kotzte. Dann stieg er wieder ein, wir fuhren etwa hundert Meter weiter, hielten erneut an und das erleichternde Prozedere wiederholte sich. Schließlich setzten sie mich anstandslos und mit den besten Wünschen vor der Rezeption ab und ich war wieder allein in der Warsteiner Welt. Mutterseelenallein sogar, wie mir schien. Die Senioren waren fort, die Rezeptionistin war fort, ich konnte mir auch nicht vorstellen, dass außer mir noch andere Übernachtungsgäste an so einem schauerlichen Abend hier abgestiegen sein könnten. Das Bier-UFO lag still und verwaist im dichten Nachtnebel und wahrte seine Geheimnisse.

Am nächsten Tag war der Himmel bleigrau. Ich erwachte gegen Mittag und wanderte aus meinem Zimmer in die Lobby zurück, in der sich jetzt immerhin schon wieder zwei Leute vom Personal aufhielten, die ich nach Frühstück fragen konnte. Man reichte mir die Karte, es gab Fritten, Currywurst oder Hamburger zur Auswahl, aber immerhin auch Weißwürste und Brezn, na das war doch mal ein Frühstück, dazu ein Schümli-Kaffee im Pott, da war die Welt doch wieder in Ordnung! Was für eine seltsame Nacht, fast wie in einem schlechten Traum. Ich rief Bobby an, um ihm zu sagen, dass ich abmarschbereit sei. Es meldete sich nur die Mailbox. Vermutlich schlief er noch.

Ich rief noch ungefähr fünfmal an und schickte ebenso viele Kurzmitteilungen. Unnötig zu sagen, dass ich in meinem Leben nie wieder von ihm gehört habe. Gegen zwei Uhr nachmittags rief ich ein Taxi und fuhr ohne Adieu zu sagen, vor allem aber auch ohne Gage zum Bahnhof Meschede. Wenn ich mich auf Bobby verlassen hätte, würde ich heute noch in der Warsteiner Welt weilen, wartend. Einen Vorteil hätte es immerhin gehabt: man wurde dort nicht beim Schreiben gestört.

Backroom Boys

Dennis hatte noch nie so einen fetten Backroom gesehen: geräumig, gemütlich, mit ein paar Sofas, einem Couchtisch und einem Kühlschrank voller Cola und Bier in vier lustigen Geschmacksrichtungen: Grüner-Tee-Bier, Rooibos-Bier, Chai-Bier und Rhabarber-Bier. Außerdem gab es eine eigene DJ-Toilette und sogar einen von diesen Spiegeln mit ganz vielen Glühbirnen drum herum, wie im Theater. Wahrscheinlich benutzen das hier die Go-go-Tänzer, um sich zu schminken, dachte er andächtig. Was für eine tolle Vorstellung. An der Wand hing ein leicht eingerissenes Poster von Milla Jovovich, aus ihrem neuen Film.

Im Grunde hatte er noch nie einen Backroom gesehen, jedenfalls nicht in echt, nur im Fernsehen. In den zwei, drei Läden seiner Stadt war so etwas nicht vorgesehen. Und bei seinen Ravereisen in große Städte mit richtigen Klubs war er auch nie in einem gewesen, er war meistens schon froh, überhaupt in den Klub gelassen worden zu sein. Nun, das alles schien sich ja langsam zu ändern.

Durch Zufall war man auf ihn aufmerksam geworden. Dalia, die Bookerin des weltbekannten Klubs aus der Landeshauptstadt, hatte sich für ein ruhiges Wochenende mit ihrem damaligen Freund Beppo, dem Beppster, in einen Center Park in der Nähe einquartiert, weil der es abgedreht und witzig fand und sehen

61

wollte, ob sich so ein Center Park nicht für einen zünftigen Elektro-Weekender eignen würde. Als es ihnen mit den ganzen Kleinkindern im subtropischen Badeparadies zu doof wurde, waren sie in die nächste Provinzmetropole gefahren, hatten ein Hotelzimmer bezogen und sich später dann schwer beeindruckt gezeigt von seinem Set im »Alten Bräustübelein«. Dennis legte dort seit zwei Jahren immer samstags Tech-House, Minimal und Elektronik auf, der Abend nannte sich sogar »Tech da House« und man konnte es nicht anders sagen: Er hatte sich dort echt seine eigene kleine Szene aufgebaut. Alles Leute, die durchaus schon mal in Berlin, Köln oder Stuttgart gefeiert hatten und sich mit Recht als Leute mit normalem Großstadtniveau empfanden.

Dalia sah das wohl ähnlich. Sie hatte beschlossen, ihn für eine Spezialparty einzuladen, mehr so eine Art Versuchsballon, der Beppo und ihr vorschwebte. Dass diese Provinz-Posse ihm mit hoher Wahrscheinlichkeit in die Großstadt folgen würde, war schon mal eine gute Basis für die Party. Aber eigentlich spielte es keine entscheidende Rolle. Im »Wehrhaus« sah es niemals leer aus.

Es war mittlerweile halb neun, Dennis saß nun schon seit zwei Stunden im Backroom und trank eine Cola nach der anderen, als ein gemütlich wirkender Typ mit Kappe auf dem Kopf, Kippe im Mund und Plattenkiste in der Hand hereinkam, seinen Kram abstellte, sich umsah, schließlich ihn ansah, lächelte und fragte:

»Bist du der Chef? Gehörst du hier zum Laden?«

Dennis erstarrte kurz, stand dann aber rasch auf und sagte:

»Hallo, nein. Ich bin der Dennis. Ich meine DJ Dennis. Ich mach hier heute ein Set. Ich bin aus ... einer ganz anderen Gegend. Heute zum ersten Mal hier. Und du bist ...?«

Freundlich sah ihn der Fremde an. Dann drehte er sich um, ging zum Kühlschrank, nahm sich ein lustiges Bier heraus, machte es auf, trank einen langen Schluck, sagte »Wow, was für ein schlimmes Bier«, sah Dennis wieder an und antwortete schließlich nach einem satten Rülpsen:

»Ich bin Dudi Rutschke.«

Das also war Dudi Rutschke. Der würde heute Abend mit ihm auflegen. Anscheinend eine Art Old School Legende, allerdings hatte Dennis noch nicht wirklich von ihm gehört. Er war sich zumindest nicht sicher. Er war sich vor allem nicht sicher, ob er zugeben sollte, dass ihm der Name unbekannt war. Das hätte doch ziemlich provinziell wirken können. Dalia hatte ihm von diesem DJ erst vorhin am Handy erzählt, als er sie endlich erreicht hatte, nachdem er schon am frühen Nachmittag in der Stadt angekommen war. Sie hatte ihm ewig keinen Flyer geschickt und auf der Wehrhaus-Homepage war unter dem Datum seines Gigs nur das Stichwort »Wow Special!« zu lesen gewesen. Der Versuchsballon bestand nämlich darin, »rein mit Mund-zu-Mund-Propaganda zu arbeiten«, wie sie es ausgedrückt hatte. Er hatte noch kurz überlegt, ob er sie fragen sollte, wie er sich das denn vorzustellen hatte mit der Mund-zu-Mund-Propaganda, hatte es dann aber doch lieber bleiben lassen.

Jedenfalls sollte der Versuchsballon diesen gewissen Wow-Special-Effekt haben, den sich das Wehrhaus-Kreativteam ausbaldowert hatte. Der bestand darin, dass der Stargast immer eine Überraschung aus dem Kultsektor war, den man eben erst erfuhr, nachdem man bereits Eintritt bezahlt, bzw. die Katze im Sack gekauft hatte. Für Dennis galt das natürlich nicht. Ihm war sogar die Anreise bezahlt worden und ein Hotelzimmer, wo seine derzeit beleidigte Freundin Gundula sowie Josh auf ihn warteten. Blair hatte sich kurzfristig von dem Ausflug abgemeldet. Wenn alle ausgeflogen waren, hatte sie freie Bahn für die ihrer Meinung nach längst fällige Grundreinigung.

Gundel hatte es lächerlich gefunden, so früh in den Klub zu gehen, und sogar versucht, ihn zum Sex zu verführen, damit er bei ihr im Hotel blieb und mit ihr fernsah, aber Dennis hatte sehr wichtigtuerisch behauptet, dass er halt das System checken müsste, weil er später keinen Mist bauen wollte, schließlich sei das seine große Chance et cetera et cetera. Immerhin legte er mit der neuesten Version von Scratchato auf und musste das vorher anschließen – genau genommen hatte er furchtbare Angst, dass ihn das System im Stich lassen könnte, wozu es leider eine unselige Neigung besaß. Gundelchen hatte ihm daraufhin an den Kopf geworfen, dass er doch gefälligst mal sein eigenes System checken sollte, und war ins Bad abgerauscht. Dennis war nach dieser groben Beleidigung sofort aus dem Zimmer gestürmt, nach einigen Minuten wieder zurückgekehrt, aber nur um seinen Rucksack zu holen, den er in seiner Erregung stehen gelassen hatte. Als er schon fast draußen war, hielt er noch mal an. Gundel duschte vor Wut. Sollte sie doch. Im Aufzug stellte er sich vor, wie er später auflegen würde. Genießerisch legte er den Kopf zurück und schob sich gedanklich den Kopfhörer auf die Ohrmuschel. So fiel ihm ein, dass er auch seine Kopfhörer vergessen hatte, allerdings zu Hause. Alles Gundels Schuld.

»Ich habe meine Kopfhörer vergessen«, sagte Dennis zu Dudi Rutschke, abrupt wie ein Esel.

»Kann dir meine leihen. Ich hoffe, du hast trockene Ohren«, sagte Dudi Rutschke cool und nahm noch einen Schluck Spaßbier, »Aaaah!« machte er, wieder sah er die Flasche an und meinte dann nachdenklich: »Warum tun die Menschen dem Bier das an?« Dennis sah auf die Flasche Himbeer-Cola, die auf dem Backroom-Tisch stand. Seine vierte. Gegen die Nervosität wegen des Kopfhörers und überhaupt wegen des ganzen Auftritts hatte er viel zu viel Cola in sich hineingeschüttet. Dudi Rutschke folgte seinem Blick und sagte zynisch:

»Das Getränk einer besseren Welt.« Dann setzte er kurz die Kappe ab, rieb sich den rasierten Schädel, setzte sie wieder auf und meinte:

»Wie siehts aus? Wer ist hier für irgendwas zuständig? Wie schauts mit Essen? Hast du schon gegessen, wie war noch mal dein ... nein, warte – Kevin?«

»Dennis.«

»Neiiin ...«

»Macht nix. Ich könnte schon auch was essen.« In Wahrheit starb er vor Hunger. Das Letzte, was er zu sich genommen hatte, war ein Frischkäse-Bagel mit Rucola und Deutschländerwürstchen auf der Autobahnraststätte gewesen. Denn er hatte durchaus darauf spekuliert, vor dem Auflegen noch irgendwo eine Pizza essen zu gehen – bei ihnen, also bei der Tech-Da-House-Posse, war das eigentlich fast schon ein Ritual – vor der Party musste man sich gemeinsam stärken, durch Pizza Quattro Stagioni Calzone. Es schien Dennis kaum vorstellbar, dass es in der Klubszene einer Metropole anders zugehen sollte, und er sollte sich nicht täuschen, aber ...

Diskoszenen

Wir lehnten an einem Balkongeländer und warteten. Wir warteten und tranken Bier. Ganz normales Bier. Unter uns wogte die Tanzfläche, ich sah Kajal-Kids, Aushilfs-Emos und Neon-Popper, die dort wie die Wilden feierten und die am nächsten Morgen alle wieder zur Schule mussten. Bei uns oben ging es etwas dezenter zu, eleganter auch, fast erwachsen.

Der Balkon, auf dem wir standen, gehörte zur VIP-Area des Klubs und ragte ein ganzes Stück über den Dancefloor hinaus, genau über den DJ-Arbeitsplatz. Man hätte ihm auf die Platten spucken können, wenn er denn welche gehabt hätte. Dann halt auf seine kugelige Helmfrisur, mit der er die meiste Zeit nach links gebeugt wie ein Buckliger dastand und auf den Schirm seines Schlepptops starrte. Sein Mix war gelinde gesagt inkohärent, ein ziemliches Durcheinander, aber das traf wohl genau den Nerv der hiesigen Crowd: kommerzieller R&B und Hip-Hop von Rihanna und Black Eyed Peas, Neobeat von Mando Diao, 80er-Klassiker wie »Sweet Dreams« von den Eurythmics und rockartiger Pop-Elektrosound von Ed Banger. Nie durfte es zu lang auf einer Schiene bleiben. Die Leute wollten wieder die Abwechslung feiern.

Der Bedarf an hypnotischer Versunkenheit und monotonen Rhythmen, charakteristisch für die goldenen Tage von House und Techno, war bei weiten Teilen der neuen Generation gering. Tatsächlich stellte ich mir Dennis, den Helden meines sich im Rohbau befindlichen Romans, ein bisschen so vor wie den DJ hier. Von der Musik her aber eben technoider, mehr in Richtung Minimal Electro und Micro House. Und natürlich mit anderen Haaren.

Der VIP-Bereich der Disko 3001 in Düsseldorf war in dieser Nacht besonders prominent besetzt, die Frauen besonders schön und aufwendig zurechtgemacht und auch nervöser als sonst, sie scharrten mit den Stiefeletten, als gäbe es gleich ein Wettrennen. Ich bemerkte ein kleines Mädchen mit kurzem Wuschelkopf und flachen Chucks, das sich mit dem Rücken zu mir in Position begeben hatte. Sie sah ein wenig aus wie Milla Jovovich. Man hätte meinen können, es sei eine Diskoszene in einem Film ...

Tatsächlich *war* es eine Diskoszene in einem Film, und es war auch wirklich Milla Jovovich, die jetzt loslief und sich langsam durch die Menschen im VIP-Bereich schob. Wie ferngesteuert lief ich ihr hinterher, mit etwa zwei Schritten Abstand, genau so, wie man es mir gesagt hatte, ich folgte ihrem Weg durch den Klub, bis sie plötzlich mitten in der Bewegung stehen blieb, weil sie ein paar Stufen höher jemanden gesehen hatte – Campino von den Toten Hosen. Oh no, dachte ich nur, und lief einfach an ihr vorbei, weiter in Richtung Bar.

»Cut!«, schrie da Wim Wenders. Der große Kultregisseur hatte sich auf seine alten Tage die Haare wieder ziemlich lang wachsen lassen, das war uns vorhin schon aufgefallen, und trug einen wirren, unordentlichen Pferdeschwanz. Ich drehte mich um und trottete zurück zu meiner Position am Geländer. Dort stieß ich wieder auf meinen Bekannten Niemczyk, der gemeinsam mit mir und ein paar anderen alten Soulboys für dieses Shooting als Disko-Komparse gecastet worden war. Wegen seines alarmierend rot-weiß gestreiften Pullovers wurde er aber nur als Füllmaterial im Hintergrund eingesetzt. Ich dagegen hatte immerhin eine eigene Regieanweisung erhalten, eben meine anspruchsvolle Schrittfolge mit Milla Jovovich, die jetzt noch einmal wiederholt wurde. Diesmal lief ich für meine Begriffe noch überzeugender ziellos durch den Klub, als ginge ich gar nicht hinter Milla her, sondern einfach nur so ins Nirgendwo. Das endete allerdings schon nach wenigen Metern an einer Treppe, die nach unten führte und mit einer roten Kordel abgesperrt war, ein Security-Typ davor, einer dahinter. Der VIP-Bereich war in dieser Nacht sogar nach beiden Seiten hin abgesperrt, denn nur oben war das Publikum gecastet worden. Die Gecasteten durften sich nicht mit den Ungecasteten vermischen, das erklärte auch das relativ deutliche Altersgefälle zwischen oben und unten in diesem bombastischen Tanzpalast.

Das Angebot war nun wirklich nicht das gewesen, was man unter einer »Filmrolle« versteht. Wahrscheinlich hielt man uns nur für dekorativ. Wir können das nämlich extrem gut, in Klubs herumstehen, Bier trinken und herumschwadronieren, da sind wir seit Jahrzehnten bewährte Kräfte. Und in nichts anderem bestand die Anforderung an diese Rolle, nur eben originellerweise in »Palermo Shooting«, dem neuesten Film von Wim Wenders. Im Grunde war es für mich ein normaler Ausgeh-abend, eine schöne Gelegenheit, sich mal wieder länger mit Niemczyk zu unterhalten, nur dass man dabei einem Meister bei der Arbeit zusehen konnte, und auch den jungschen DJ zu studieren war für mich aus literarischen Gründen nicht uninteressant. Deswegen lehnten wir die meiste Zeit am Geländer und warteten, warteten, tranken Bier und warteten, wie das nun mal so ist am Set. Jeder, der schon mal Komparse war, weiß, dass Warten das We-sen des Komparsenseins ist, ja praktisch das ganze Kom-parsensein ausmacht, von den wenigen, zweifelhaften Leinwandsekunden abgesehen. Ehrlich gesagt war ich in meinem Leben noch nie besonders heiß darauf, Film-komparse zu sein. Es gibt ja Menschen, wie man spätes-tens seit der englischen Serie »Extras« weiß, die finden das zähe Herumlungern am Set unendlich spannend und hoffen vor allem, dort als richtige Schauspieler entdeckt zu werden. In der Hinsicht hatte ich noch nie Ambitio-nen. Ich bin nicht mal ein besonderer Wim-Wenders-Fan.

Warum ich diesmal aber freiwillig beim Film mit-machte, ja sogar total begeistert war von der Idee und dafür wichtige Romanarbeiten stehen und liegen ließ: es war eine Diskoszene, und ich liebe Diskoszenen! Dis-koszenen haben mich schon immer fasziniert, da will ich rein, habe ich nur allzu oft gedacht und am Fernse-her gerüttelt. Vor allem, wenn sie nicht in ausgesproche-nen Diskofilmen vorkamen, wie »Saturday Night Fever« oder »Berlin Calling«, sondern in normalen Spielfilmen, als Teil der Handlung, als ein Spielort von vielen. Wie zum Beispiel in »Coogans Bluff« mit Clint Eastwood oder »Klute« mit Jane Fonda. Man kann heutzutage herrliche, nerdige Nächte vor dem Computer damit verbringen, durch das Universum der Diskoszenen zu surfen und dabei die erstaunlichsten Entdeckungen zu machen: philippinische, indische und anderweitig exotische Disko-Sichtweisen, Kampfsportler wie René Weller oder Jean-Claude Van Damme tanzend und kämpfend in der Disko, Disko-Vampire und Disko-Schweine, Disko-Zombies und Disko-Zauberer. Ich habe schon bis zur Morgenröte die Ausgestaltung des Environments studiert, die Genauigkeit der Darstellung und der Details, natürlich die Musikqualität, die allgemeine Plausibilität der Situation. Die Diskokugel als historischer Spiegel sozialer und kultureller Verhältnisse. Ein Thema, über das man Bachelor-Arbeiten schreiben könnte.

Ich hatte also immer schon davon geträumt, einmal in einer richtigen Disko-Szene mitzuspielen. Und jetzt war ich mittendrin! In einer eigenen Szene mit Milla Jovovich!

Allerdings wäre es natürlich noch besser gewesen, wenn ich auch mit ihr getanzt hätte, oder zumindest über die Tanzfläche hinter ihr hergegangen wäre. Erst die Tanz-Szenen ergeben den echten Disko-Effekt. Aber statt zu tanzen stand ich nun wieder neben Niemczyk an der Reling und musste warten.

»Na, ham se dich ausgemustert?«, flachste er grinsend.

»Ach ja, ich hab mein Bestes gegeben. Aber irgendwie ist es beim Film doch immer etwas komisch, all dieser Aufwand und die vielen Leute ... und dann wird man so als Experte dazugebeten, aber es spielt dann doch alles keine Rolle ... also ich weiß nicht«, meinte ich ratlos.

»Wie? Hast du schon öfters mit Filmleuten zu tun gehabt?«, fragte Niemczyk.

»Das weißt du nicht? Das fing doch direkt bescheuert an damals!«

»Echt! Erzähl mal!«, rief Niemczyk begeistert und stieß mit mir an.

In den frühen 90er-Jahren hatte ich erstmals Kontakt mit einer Filmproduktions-Firma. Ich sollte sie disko-technisch beraten. Sie hatten ein Projekt in der Pipeline, eine Art Krimi, bei der ein Techno-DJ im Mittelpunkt der Action stehen sollte. Der Regisseur brauchte Musikvorschläge und außerdem Profi-Know-how, um das Geschehen in der DJ-Butze authentisch abbilden zu können. Für einen Soundtrack-Beitrag von Westbam war das Musikbudget zwar praktisch schon komplett verplant, aber das war nicht das Hauptproblem. Das Hauptproblem erklärte mir der Regisseur bei einem ersten Beschnupperungs-Meeting. Es war allerdings nicht so, dass er darin überhaupt irgendein Problem sah, nicht mal ein ganz kleines, als er zu mir sagte:

»Ach ja, der DJ ist übrigens blind.«

»Wie bitte?«

»Na ja, er ist nicht *wirklich* blind. Das ist nur seine Masche, verstehen Sie? Das ist sein *claim to fame*. Er ist der blinde DJ, alle bewundern ihn dafür, wie er das macht, weil niemand weiß, dass er in Wahrheit alles sehen kann. Außer seine Freundin, die ist eingeweiht.«

Mir stand der Verstand still. Das war doch so was von dermaßen unglaubwürdig! Das war doch von vorne bis hinten absurd, wie hätte er damit auch nur eine Nacht durchkommen können? Ein wirklich blinder DJ wäre ja schon eine mehr als gewagte Idee, aber ein gefälschter? Allein die ganzen technischen Fragen im Laufe eines Abends, das Herumreisen, das Abgeholtwerden – wie hätte er überhaupt ernst bleiben können? Das sagte ich dem Regisseur in aller Offenheit, was blieb mir anderes übrig, ich sah da, anders nämlich als sein Held, schwarz.

Verständlicherweise war das für ihn schwer zu schlucken. Aber irgendwie auch wieder nicht. Irgendwie sah er überhaupt nicht den Punkt, der für mich von wesentlicher Bedeutung war. Ihn interessierte das psychologische Verhältnis der zwei Hauptdarsteller zueinander. Mich die physiologische Glaubwürdigkeit des DJs, es war eine Frage der Berufsehre, da bügelt man nicht einfach so drüber.

Ach ja, die Ehre ...

Eine meiner bislang unehrenhaftesten Kamera-Erfahrungen waren Nachrichtenaufnahmen im Rahmen einer großen Kulturveranstaltung anlässlich Schillers 250. Todestag in der Neuen Kunstakademie in Berlin. 24 Stunden lang wurde da nonstop Schiller rezitiert, im Akkord, von Schauspielern, Politikern und anderen Promis. Man hatte mich gebeten, ob ich nicht die Nachtschiene zwischen 2 und 5 Uhr morgens kuratieren könnte. Wenn es um dermaßen extreme Uhrzeiten geht, muss eben ein DJ ran und die Kultur auch dann noch hochhalten, wenn gute Menschen schlafen. So interpretierten dann Leute wie Le Hammond Inferno und Schneider TM Friedrichs Verse. Das Ganze endete mit einem Dialog aus »Die Verschwörung des Fiesco zu Genua«, vorgetragen von mir und Eric D. Clark, mit Eric als Fiesco und mir als Mohr.

Auf der Lesebühne war auch ein DJ-Pult aufgebaut, denn zwischen diesen kurzen Performances spielte ich immer zwei, drei Platten, und jetzt komme ich zum Punkt: Von dieser meiner DJ-Tätigkeit wurden bewegte Bilder benötigt, und zwar für das »heute journal«. Weil das aber schon um 22 Uhr 30 kam, wir aber erst um 2 Uhr loslegten, wurde die begehrte, weil telegene DJ-Aktion vorab aufgezeichnet. Bei bereits laufendem Schiller-Lesebetrieb, versteht sich, weswegen bei der Schau-Auflegerei auf keinen Fall ein Ton zu hören sein durfte. Das wäre aber sowieso nicht gegangen, da an den Tonarmen der Plattenspieler noch überhaupt keine Systeme befestigt waren. Weil sie deswegen auch kein Gewicht nach unten drückte, konnte man die Tonarme noch nicht mal illusorisch auf die Platten senken, grotesk ragten sie stattdessen steil nach oben, ein wahnsinnsblöder Anblick. Dahinter das versonnen Otto Schily lauschende Publikum. Wegen Otto Schily hatte ich eben schon nicht den Aufzug benutzen dürfen und stattdessen meine Plattenkiste vier Stockwerke nach oben tragen müssen. Die Sicherheitsbeamten des damaligen Innenministers hatten mir doch tatsächlich den Aufzugs-Zutritt verboten. Dabei hatte ich schon viel länger gewartet. Ich versuchte nun meinerseits, den Fernsehleuten die Ausstrahlung zu verbieten, zumindest das mit dem Tonarm, was sie mir auch anstandslos zusicherten, es würde ganz sicher nichts zu sehen sein. Und später, bei der Ausstrahlung, in der lustigen Hotelzimmerrunde? Was stand steil nach oben? Natürlich, der Tonarm.

Der blinde DJ aber wurde tatsächlich gedreht, auch ohne meine Hilfe, schaffte es jedoch nicht ins Kino, erschien aber immerhin auf Video, einem noch in den 90er-Jahren populären, heute vergessenen Medium.

»Sagenhaft«, sagte Niemczyk, »warte mal, ich hol zwei neue Bier.«

Schon war er zurück, reichte mir eine der Flaschen, und bedeutete mir, den Mund zu befeuchten und weiterzuerzählen. Also gut.

Auf Videodrehs hatten sich, bis zum »Palermo Shooting«-Shooting, auch im Wesentlichen meine bisherige filmische Erfahrung und mein Wissen über das Warten bei Dreharbeiten beschränkt. Musikvideos natürlich, vier oder fünf mit der Gruppe Whirlpool Productions, zwei oder drei allein, insgesamt mit etwa zweieinhalb Diskoszenen, in denen ich mich allerdings meist selbst spielte, oder so etwas Ähnliches. Die brillanteste dieser Szenen war zweifellos diejenige zu unserem Hit »From: Disko To: Disko«. Bis auf die idiotischen und zu recht umstrittenen Spiegeleier am Schluss überzeugt dieser Streifen bis heute durch Top-Disko-Feeling. Exemplarisch zeigte sich hier nicht nur, wie man eine authentische Diskoszene inszenieren muss, sondern vor allem auch, *dass* man sie inszenieren muss. Es geht nicht in der freien Wildbahn.

Der Klub war noch warm vom Abend vorher. Das »Apollo« am Kölner Hohenzollernring beherbergte zu jener Zeit in unmittelbarer Nachbarschaft zur Harald-Schmidt-Show den legendären »Funky Chicken Club«,

eine dienstägliche Institution, weswegen man die Dreharbeiten auf Mittwochnachmittag gelegt hatte. Nachts
hatte das Filmteam die Leute von der Tanzfläche wegge-
castet, viele der Gecasteten hatten daraufhin vor Aufregung kaum geschlafen, andere komplett durchgemacht.
Selbst noch dampfend, wie Verbrecher, die immer wieder
zum Tatort zurückkehren, fanden sie sich also schon
nach wenigen Stunden auf der Tanzfläche wieder, die sie
gerade erst verlassen hatten.

Was mich betraf, ich war ausgeschlafen. Diesem un-
günstigen Umstand konnte aber mit den Mitteln der
Make-up-Kunst Abhilfe geschaffen werden. Mit dick
schwarz geränderten Augen würde ich später sogar an
einer Toilettenwand herunterrutschen und so tun, als
wäre ich total hinüber, mit Sicherheit der Höhepunkt
meines bisherigen darstellerischen Schaffens. Ein Klacks
im Vergleich zu Justus, der als leibhaftige Geisha kostü-
miert durch das Video paradieren sollte, während Eric
vergleichsweise wenig Aufwand betreiben musste und
sich lediglich eine Weste mit großen, goldenen Sonnen-
blumen über den nackten Oberkörper warf. Da er in der
Nacht zuvor im Funky Chicken Club gespielt hatte, war
kaum Make-up nötig, um einen glaubwürdig entgrenz-
ten Disko-Look auszustrahlen.

Dann lief ungefähr 50-mal unser Lied und alle tanzten
dazu, bestens ausgeleuchtet, die Kamera wuselte zwischen den Tänzern herum, die sie würdevoll ignorierten.
Ich versuchte ungefähr 50-mal, eine Zigarette zu drehen,
während ich die Tanzfläche überquerte, eine der vielen
absurden Regieanweisungen, die es umzusetzen galt.
Aber genau deshalb, weil jedem genau gesagt worden war,

was er zu tun hatte, wirkte die Diskowelt in unserem Video so echt.

Niemals hätte man das alles einfach bei normalem, laufendem Diskobetrieb drehen können, schon gar nicht, damit es authentischer wirkt. Die Leute hätten viel zu viele Faxen gemacht. Ich war schon oft ganz normal beim Plattenauflegen gefilmt worden, meist von TV-News-Teams in irgendwelchen Klubs, und es war fast jedes Mal recht unangenehm gewesen. Kameracrews neigen dazu, genau die Atmosphäre zu zerstören, die sie eigentlich filmen wollen. Eigentlich müssten sie arbeiten wie Tierfilmer, versteckt und getarnt. Denn die Disko ist ein Biotop der Nachtaktiven, die im grellen Scheinwerferlicht entweder in unnatürliche Schockstarre verfallen oder, ebenso unnatürlich, völlig übertrieben posieren. Auch DJs wirken gern gestört, wenn sie ohne Vorwarnung bei der Arbeit gefilmt werden. Oft genug sind sie keine extrovertierten Poseure, sondern für Selbstdarsteller eher scheu; Typen, die sich nicht ohne Grund am liebsten in dunkle Boxen verkriechen. Sinnloses Scratchen, Schautanzen oder sonstiger Schabernack vor der Kamera geht ihnen komplett gegen den Strich, gegen die innere Natur. Damit alles echt wirkt, muss alles gestellt sein.

So gesehen hatte Wim Wenders heute Nacht einiges richtig gemacht. Das Ergebnis bliebe abzuwarten. Der Dreh war vorbei, wir trotteten hinaus in die wunderliche Welt des Düsseldorfer Designerhafens, nicht ohne uns vorher unser sauer verdientes Komparsenhonorar aushändigen zu lassen.

Ein paar Monate nach den »Palermo Shooting«-Dreharbeiten traf ich meinen Bekannten Oliver Schwabe, ebenfalls Filmregisseur. Er hatte mich im vergangenen Jahr für ein sehr feines Musik-Dokumentarprojekt namens »Disco Love Machine« interviewt, eine herrliche, dreistündige Reise durch die Diskoszenen öffentlich-rechtlicher TV-Archive. Schon damals hatte ich Schwabe von meinem Spleen für Diskoszenen erzählt, klar, dass ich ihm sofort von meinem ersten richtigen Auftritt in einer solchen berichten musste. Er hörte sich alles aufmerksam an, aha, aha, und machte mir dann einen Super-Vorschlag:

»Du ahnst es nicht, aber ich mache ja auch gerade einen neuen Film, und tatsächlich gibt es da auch eine Diskoszene. Hättest du nicht Lust, mitzuspielen? Aber diesmal nicht als Gast, sondern als DJ.«

»Wow, na klar!«

»Es wäre aber der DJ einer Provinzdisko.«

»Umso besser! Das kann ich!«

Wenige Wochen später stand ich in einem langärmligen rosa Gummi-T-Shirt und mit einem Pappbecher mit Filterkaffee in der Hand vor der seit unzähligen Dekaden als Dark-Wave-Schuppen bekannten Kölner Kleindisko »Lalic«, die als Drehort für die Provinzdisko herhalten würde. Schon wieder also musste, bzw. durfte ich ran. Meine persönliche Sammlung von Diskoszenen wuchs in beeindruckendem Tempo, vielleicht konnte ich mich ja beruflich darauf spezialisieren, ein achtes Standbein entwickeln ... Diesmal allerdings wurde nicht parallel zum laufenden Betrieb gedreht, sondern montagnachmittags. Der Film sollte »Zarte Parasiten« heißen und war mit einer beachtlichen Auswahl junger deutscher Stars besetzt: Robert Stadlober, Maja Schöne und Sylvester Groth.

Nach sehr vielen Bechern Filterkaffee hatte ich zwar zittrige Hände und Magenkneifen, aber die Crew auch endlich genügend Scheinwerfer hin- und hergeschoben, und es wurde Zeit für mich, an meinen Arbeitsplatz zu gehen. In der DJ-Box des »Lalic« waren, genau wie in Hanoi, schon lange keine Schallplatten mehr aufgelegt worden. Deshalb hatte man mich vorab gebeten, meine eigenen Plattenspieler mitzubringen, was mich sehr bekümmerte. Die eigenen Decks mitzunehmen ist beinahe so, als müsste man seinen eigenen Kühlschrank von zu Hause mitbringen. Es ist umständlich, es ist schwer, und es birgt gewisse Schadensrisiken.

In dem engen Verhau von DJ-Koje war dann auch prompt kein Platz für die Dinger und es begann ein großes Grübeln und Stirnrunzeln in der Crew. Als schließlich festgestellt wurde, dass man mich sowieso nur ab den Schultern aufwärts sehen würde, wurde auf jeden weiteren unnötigen Aufwand verzichtet, ich sollte einfach Luftplattenspieler spielen. Da hätte ich meine beiden Kühlschränke natürlich gleich zu Hause lassen können. Und dieses pantomimische Herumposen war auch nicht gerade Dogma, es vertrug sich nicht mit meinem Ethos des Method Acting, wie es Lee Strasberg schon Marlon Brando und Robert De Niro gepredigt hatte. Aber angesichts der Gesamtbedeutung dieser Szene im Film war es zu verschmerzen. Und immerhin durfte ich auf das Stichwort »Action!« fast wie ein richtiger DJ den für die Tanzszenen vorgesehenen Song von CD starten, einen

rudimentären, noch nicht zu Ende programmierten
Elektroniktrack. Man leuchtete mich aus, puderte mich
ab und schickte mich noch mal nach oben, damit ich
mehr Kaffee trinken und die Crew in der Zwischenzeit
noch ein paar Scheinwerfer verschieben konnte.

Als ich so vor dem »Lalic« herumstand, der ewig Wartende, rief prompt Niemczyk an.

»Mensch Niemczyk, wie geht's! Rat mal, was ich gerade
mache!«

»Du bist in, warte mal, Pjöngjang und gibst der Frau
des deutschen Botschafters DJ-Unterricht.«

»Fast. Ich steh hier in Köln am Rathenauplatz vor dem
›Lalic‹ rum und spiele schon wieder meine nächste Disko-
Rolle: als Provinz-DJ in einem Film namens ›Zarte Para-
siten‹.«

»Na da wünsch ich dir viel Glück. Rat mal, wo ich nämlich bin.«

»In Köln?«

»Nein, in Cannes. Und rat mal, was ich gerade gesehen
hab.«

»Charlotte Gainsbourg.«

»Nein, ›Palermo Shooting‹.«

»Ach was! Und? Und? Erzähl! Erzähl! Wie kommt es
rüber?«

»Die haben uns rausgeschnitten.«

»Nein.«

»Tja.«

»Bist du sicher? Mich auch? Obwohl ich so super gegangen bin?«

»Weißt ja, die ham alle nen Schuss, die Filmleute. Total
unprofessionell.«

Enttäuscht legte ich auf. Aber das würde mir diesmal nicht passieren, denn diesmal spielte ich ja nicht irgendeinen Hinterherläufer, sondern eine Schlüsselrolle, den DJ, der in jeder Diskoszene unverzichtbar ist! Wie sollte man sonst überhaupt erkennen, dass es sich um eine echte Disko handelte und nicht um einen Partykeller? In der Box setzte ich nach traditioneller Sitte den Kopfhörer auf, die linke Muschel auf dem Ohr, die rechte Muschel neben dem Ohr, das Kabel lag lose auf der Ablagefläche. Wenn schon keine Plattenspieler da waren, dann brauchte man auch kein Mischpult mehr, um das Kopfhörerkabel hineinzustöpseln. Dann hing das halt einfach nur sinnlos herunter. Beim Film ist doch sowieso alles nur Illusion, Trick und Budenzauber.

Zunächst wurden aus verschiedenen Winkeln die tanzenden Hauptdarsteller gefilmt, sie tanzten sich an, ein bisschen unsicher, ein bisschen neckisch, dann wieder voneinander weg, umeinander herum, und manchmal sagten sie sich beim Tanzen etwas ins Ohr. Es sah alles recht überzeugend aus, auch wenn mir der Gesamtzusammenhang und die Beziehungen überhaupt nicht klar waren und ich mir auch keine Gedanken darüber machen konnte. Ich war mit meiner eigenen Rolle als Provinz-Pantomime beschäftigt, man muss da in die Interpretation eine ganz bestimmte Art ländliche Gleichmütigkeit hineinbringen ... Schliesslich beschloss das Team, auch ein paar Close-ups von mir zu machen, wohl um mich endlich entlassen zu können. So klemmte ich denn den Kopfhörer ein letztes Mal zwischen Ohr und linke Schulter und die Zunge in den Mundwinkel, während ich mit der rechten Hand eine imaginäre Suppe umrührte und dabei in den Knien federte. Nach zwei oder drei Versionen dieser interessanten Darbietung war es aber auch genug, mehr als ein Zwischenschnitt würde sowieso nicht drin sein.

Und am Ende reichte es natürlich nicht einmal dazu. Wenige Wochen später erhielt ich die Nachricht, dass ich ein weiteres Mal auf dem Schneidetisch geopfert worden war, mitsamt der ganzen Diskoszene. Bodenlos enttäuscht von der oberflächlichen, flüchtigen Filmwelt wandte ich mich wieder der schönen Literatur zu, von der ich mich von vorneherein nie hätte ablenken lassen dürfen. Wertvolle Zeit war verstrichen. Dennis musste vorankommen. Er musste vor allem dringend mal was essen.

Fürst Wurst

Mit einer Menge Schwung und den Worten »All right peoples, ihr seid schon da! Ich bin der Beppo, der Beppster! Ich komm grad von der Bread and Butter!«, rauschte der Promoter herein – die Polizei-Sonnenbrille auf den kurz getrimmten Irokesenkamm geschoben, Palästinensertuch um den Hals, perlweißes T-Shirt und Homecore-Hosen; es war einfach dieser unangstrengte Urban Superior Style, den Dennis in seinem stillosen Studentenkaff so sehr vermisste. Gleich morgen würde er versuchen, hier so einen Schal aufzutreiben. Beppo konnte ihm da bestimmt ein paar Shopping-Tipps geben und er hätte zumindest schon mal eine Sache, über die er mit ihm heute Abend reden könnte.

Beppo verbreitete eine siegessichere Kabinenstimmung wie ein guter Trainer vor dem Anpfiff. Für ihn schien klar, dass sie heute gewinnen, dass das ein extrem guter Abend werden würde: »Das Konzept ist innovativ, aber auch fresh und easy. Lasst uns was futtern gehen! Dalia ist schon im Fürst Wurst. Die anderen kommen später. Come on, homeboys, let's move!«

Schon saß Dennis auf der Rückbank von Beppos Hummer – hinten standen noch ein paar Kisten, »vom Sven«, wie der Beppster beiläufig meinte, aber Dennis hatte nur genickt, geschluckt und namenlos beeindruckt geschwiegen. Dudi Rutschke schien von alldem nicht weiter tangiert, der driftete nur so mit, wollte jetzt aber doch wissen, um was für eine Art Restaurant es sich bei Fürst Wurst handelte.

»Passt schon! Das ist gut, das ist schon sehr gut und cool«, sagte Beppo, ohne von seinem iPhone aufzuschauen, trotzdem lenkend. Dann hielt er es plötzlich nach hinten und man sah auf dem Screen ein loungiges, wolkiges Etwas in Blau- und Pinktönen. »Der Koch ist Österreicher, das merkt man schon auch, aber es hat halt auch ein paar molekulare und mediterrane Elemente und so mit drin. Weißt schon. Passt schon. Superleiwand, hahaha!« Dudi Rutschke smilte milde und meinte, das klänge ja interessant. Offensichtlich imponierte ihm der Fürst nicht besonders. Vielleicht verachtete er den Adel.

Im »Fürst Wurst« ging es lebhaft zu. An einem größeren weißen Tisch ohne Ecken saß bereits Dalia mit noch ein paar anderen lässigen Leuten, Dennis kam neben ihr auf der Bank zu sitzen, Dudi Rutschke rückte zu ihm auf, und wie er so eingeklemmt zwischen Dalia und Dudi saß, fiel ihm ein, dass Gundel immer noch im Hotel war. Er sah auf sein Handy. Sie hatte ihm getextet, »Komme mit Josh nach«. Er drehte sich zu Dalia, die sich im selben Moment zu ihm drehte und ihm erstaunlich tief in die Augen sah.

»Na? Dennis? Wie geht's dir? Wo ist deine Posse? Ich freu mich total auf dein Set!«

Sie wirkte superentspannt. Dennis klickte die Nachricht weg und steckte das Telefon ein.

»Ich hab vorhin mein Scratchato-System angeschlossen und ...«, er musste sich räuspern und grinsen.

»Und?«, blinzelte Dalia ihn erwartungsvoll an.

»Ach, ich bin ja so froh, dass alles läuft«, sagte er glücklich und griff, weil es alle anderen am Tisch auch taten, nach dem sogenannten Wurstwasser, dem Haus-Cocktail des Fürst Wurst,

das vor ihn hingestellt worden war, ohne dass er es bemerkt hätte.

»Was ist das?«, fragte er Dalia.

»Kokswasser mit gelber Chartreuse, für die Färbung und die Wirkung«, nuschelte sie am Strohhalm saugend.

»Was? Wie bitte?«

»Kokoswasser mit gelber Chartreuse, für die ...«

»Alles klar, schon kapiert.«

Beppo ließ auf den Abend anstoßen, begrüßte noch mal die »hochverehrten« und »hochwohlgeborenen« Gäste, wobei er Dudi Rutschke zuzwinkerte, und nahm einen Schluck, während seine andere Hand schon wieder in die Schale mit Wasabi-Kräckern eintauchte. Dudi Rutschke wandte sich zu Dennis und fragte ihn:

»Und was spielstn du son fürn Style, junger Freund?«

»Elektro«, sagte Dennis lässig. Köstlich, dieses Wurstwasser.

»Aha. Und was verstehst du darunter?«

Dennis schaute verdutzt und kratzte sich am Kehlkopf. Er verstand die Frage nicht. Elektro war halt ... irgendwie alles, was er so spielte. House, Techno, Tech-House, Minimal – mein Gott, war das nicht alles einfach Elektro?

»House, Techno, Tech-House, Minimal – Elektro eben«, brachte er mühsam hervor, nippte am Wurstwasser, und als Dudi nichts entgegnete, winkte er ihm kurz so, »Hallo?«, aber Dudi winkte nicht zurück. Stattdessen sagte er:

»Aha. Na ja, ich hab eine etwas engere Definiton von Elektro. Aber ist schon in Ordnung.« Er grinste ihn freundlich an und trank ihm zu, aber Dennis kam sich jetzt vor wie ein dummes, naives Kind, das völlig selbstverständlich immer an den Elektrohasen geglaubt und plötzlich Grund zum Misstrauen bekommen hatte. Was ... wenn da irgendwas nicht stimmte? Wenn es ihn wirklich gab, den großen Elektro-Schwindel, von dem in bestimmten Blogs und Foren immer gewispert wurde?

»Was verstehst du denn unter Elektro?«, fragte er Dudi deshalb vorsichtshalber. Der seufzte leise und lächelte geduldig, als hätte er das schon hundertmal erklärt.

»Elektro kommt für mich aus Detroit, aus den mittleren 80ern. Genau genommen ist es für mich die Detroiter Interpretation von oder besser Reaktion auf Kraftwerk.« Er sah Dennis prüfend an, ob der ihm auch gut folgen konnte, runzelte skeptisch die Stirn und fuhr fort: »Kraftwerk. Ich setze mal voraus, dass du das Werk von Kraftwerk kennst.«

Das Werk von Kraftwerk ... Dennis nickte, wie er es bei seiner Mutter immer getan hatte, wenn die ihn abends fragte, ob er sich die Zähne geputzt hatte – halb gelangweilt, halb beleidigt. Dabei hatte er fast immer gelogen, es aber verdammt gut kaschiert. Bis es eines Tages aufgeflogen war, weil seine Mutter sich von ihm zum Beweis hatte anhauchen lassen. Darüber war es zu einem großen Krach gekommen, weil er eine Fahne hatte von den Weinbrandbohnen, die ihm seine Freundin in die Schule mitgebracht hatte. Damals, er musste etwa 13 Jahre alt gewesen sein, hatte er seine letzte Ohrfeige bekommen. Bis auf die eine neulich von Gundelchen, aber da hatte er ganz allein selbst dran Schuld gehabt, zumindest hatte sie ihn zeitweilig von dieser Sichtweise überzeugen können.

»Damals musst du etwa 13 gewesen sein«, sagte Dudi, als hätte er seine Gedanken lesen können. »Nein, warte, du warst noch gar nicht geplant ... egal. Elektro ist für mich vor allem ein bestimmter Beat, eben kein gerader House- oder Techno-Beat, sondern ein gebrochener Beat. Für mich ist Elektro in erster Linie Breakdance-Musik. Das habe ich immer gesagt und das werde ich immer sagen«, schloss er wie ein großer Politiker, der gewohnt ist, seine Kernthesen pointiert zu setzen und mantraartig zu wiederholen.

»Du meinst also so was wie Brooklyn Bounce«, sagte Dennis eifrig.

Dudi Rutschke wirkte plötzlich sehr müde und auch ein wenig wehmütig. »Ja, so etwas wie Brooklyn Bounce.«

Im Fürst Wurst wurde der Kartoffelsalat in Form einer schaumigen Sphäre serviert, das Wiener Schnitzel kam dazu in Form einer Geleeplatte. Das Wurstwasser stieg Dennis schnell zu Kopf, all das war ... bemerkenswert, wie eine Halde des Wissens, die sich da plötzlich vor ihm erhob und die er zu erklimmen begonnen hatte. In den nun folgenden zwei Stunden erklärte Dudi Rutschke Dennis praktisch alles, nur der Palatschinken konnte ihn für kurze Zeit stoppen: die ganze Geschichte der DJ-Kultur, von der Steinzeit bis zum Wehrhaus, von Afrika bis nach Amerika, »an Bord eines Sklavenschiffs, mit den bekannten Folgen«, wie Dudi sich ausdrückte.

»Was denn für Folgen?«, fragte Dennis verständnislos. Er hatte nicht mal bemerkt, dass Dalia längst aufgestanden war, um vor der Türe zu telefonieren. Dudi Rutschke hatte sich jetzt ordentlich warmgelabert.

»Ich hab dir doch schon erklärt, dass Techno und House und von mir aus auch Elektro ohne Disko nicht denkbar wären. Und Disko wiederum nicht ohne Soul und Funk, und die nicht ohne Blues und Gospel und die zuletzt nicht ohne die Baumwollfelder.«

»Die Baumwollfelder.« Dennis sah üppig quellende weiße Wölkchen vor sich, in dichten Büscheln im Sonnenlicht, in der brütenden Hitze des Südens.

»Auf denen die afrikanischen Sklaven gearbeitet haben. Nachdem sie die große Passage hinter sich hatten.«

Dennis dachte an das alte Passage-Kino in seiner Stadt. Er war schon ewig nicht mehr dort gewesen. Blaire hatte neulich aber zu ihm gemeint, man könne ja mal wieder ins Kino gehen, demnächst käme der neue Wim Wenders, mit Campino und Milla Jovovich, der solle so toll sein. Na ja, warum nicht ... Dennis sah Dudi an und zuckte mit den Schultern. Dudi nickte und sprach also:

»Die Sklaven waren in den Bäuchen der Sklavenschiffe eingepfercht und wurden wie Vieh nach Amerika transportiert. Ab und zu wurden sie an Deck geschafft, damit sie Bewegung bekamen, sie wurden aneinandergekettet und mussten so zur Trommel tanzen, damit ihre Muskeln und Gelenke geschmeidig blieben. Dabei sangen sie Spottlieder auf ihre Peiniger, die diese nicht verstehen konnten. Es gibt Leute, zu denen auch ich gehöre, die sehen darin den Anbeginn des Rap. Das ist sicher richtig. Ich sehe darin aber, auch wenn das für dich jetzt vielleicht ein bisschen abgedreht klingt, sogar den Keim der Diskokultur, vor allem wenn es Elmsfeuer gab.« Sprachs, rollte mit den Augen und schlug wie ein alter Käptn mit der Faust auf den Tisch, dass das Wurstwasser nur so wackelte.

»Auf einem Schiff?«, fragte Dennis.

»Klar mien Jong«, nickte Dudi, »im Grunde natürlich schon viel, viel früher, als die erste Trommel geschlagen wurde. Weißt du, schon die Neandertaler haben sich vor allem zum Feiern getroffen, um sich gegenseitig ihrer Gemeinschaft zu versichern, um die Bande zu stärken. So brachten sie schon den Kleinsten bei, dass man feste zusammenhalten muss, wenn man sich zum Beispiel gegen wilde Tiere verteidigen will. Für ein wildes Tier war ein einzelner Mensch eine leichte Beute, aber eine ganze Gruppe, die sich eng beisammenhielt und schrie und mit den Armen ruderte wie Techno-Raver, wirkte wie ein einziges, riesiges

Tier mit vielen Armen – unangreifbar. Und genau das wurde quasi am Wochenende eingeübt, in ekstatischen Dance-Ritualen, die bis heute in uns fortleben. Die Sklavenpassage spielt eine entscheidende Rolle, weil im Grunde hier die erste Begegnung zwischen afrikanischer und europäischer Musik stattfand, aus der dann alles Weitere sich entwickelt hat.«

Dennis war baff. Wie krass war das denn? Das war ihm ja noch nicht mal im Allergeringsten bewusst gewesen!

Dudi Rutschke trank noch einen Schluck, sah ihn an und sagte: »Dein Name ist Dennis, nicht?«

»Ja, genau!«, freute sich Dennis.

»Ich habe dir etwas zu sagen, Dennis.«

»Was denn, noch etwas?«

»Oh ja, ich habe gerade erst angefangen.«

Romeo und Julius

»'Tis an ill cook who cannot lick his own fingers; therefore, he that cannot lick his fingers goes not with me.« (William Shakespeare, »Romeo and Juliet«)

Na das lief ja so weit ganz prächtig. Mit Dennis ging es einigermaßen voran. Das Epische, Saga-hafte war allerdings sehr zeitaufwendig. Wenn man nur nicht andauernd abgelenkt würde! Die unentwegt hereinprasselnden Ablenkungen, wie Geister, die man gerufen hatte, gingen auf keine Kuhhaut mehr. Wenn ich meine täglichen E-Mails beantwortet hatte, hatte ich damit eigentlich auch meistens schon meine tägliche Schreibenergie verpulvert. Dabei schien ich seltsamerweise immer besonders viel Zeit und blumige Formulierungsfreude aufzubringen, wenn mir völlig Unbekannte schrieben, mit der Bitte um Kommentierung ihrer Tracks, ihres Projekts, ihrer Doktorarbeit. Meine Mitgliedschaft in den handelsüblichen sozialen Netzwerken fraß mich auf. In Windeseile hatte ich 5000 Freunde auf Facebook und MySpace und verplemperte meine Zeit mit Kommentaren von Kommentaren. Man konnte das beim besten Willen nicht mehr Arbeit nennen und musste trotzdem alles abarbeiten, wenn man nun mal damit angefangen hatte.

Gerade hatte ich eine ausführliche Szene mit Dennis'
Freundin in Arbeit, eine wichtige Szene, in der grund-
sätzliche Problematiken von DJ-Beziehungen, besonders
bei gemeinsamen DJ-Reisen, dargestellt werden sollten.
Oft kommt es vor, dass der DJ glaubt, er geht in Begleitung zur Arbeit und der Partner glaubt, man macht
gemeinsam einen Ausflug. Anders als bei Heimspielen
gibt es in Auswärtsklubs keine Freundinnen, die sowohl
für Unterhaltung als auch sozialen Schutz sorgen können. Das kann Drama geben, das kann ein unheimliches
Theater bedeuten! Genau: Der Abend im »Wehrhaus«-
Klub würde damit enden, dass Gundelchen früher gehen
würde, und zwar gemeinsam mit Josh, nach einer üblen
Meinungsverschiedenheit. Später könnte Dennis reuevoll
unter ihrem Balkon stehen und leise nach ihr flehen ...
sehr romantisch, und so eklektisch! Und wegen Josh vollkommen sinnlos. Während ich auf dem Bleistift herum-
kaute und darüber nachdachte, wie Dennis' Freundin
denn nun endgültig heißen sollte, Gundel, Gabi oder
Gloria, Dani, Dörte oder Börta, vibrierte das Telefon.
Wenn im Display »unterdrückt« steht, gehe ich immer
sofort ran. Ich war schon immer aufseiten der Unter-
drückten. Und es war wirklich ein Unterdrückter, wie
sich bald herausstellen sollte, der Regieassistent des
Theaters einer mittelgroßen, mittelweit enfernten Stadt,
nennen wir sie Bad Seltsam. Er sei in Köln, jemand hätte
ihm meine Nummer gegeben und gemeint, ich sei vielleicht der richtige Mann für diesen Fall, und ob man
sich mal treffen könnte. Worum es denn ginge, fragte ich
ihn. Darüber könne er am Telefon nicht reden, sagte er
hastig, aber es sei wichtig. Ich fühlte mich ein bisschen

wie ein Privatdetektiv oder, was ja manchmal kein großer Unterschied ist, ein Spezial-Krimineller, ein Experte
für rare krumme Dinger. Ich nannte ihm den Namen
und die Adresse eines Cafés, in dem man mich nicht
kannte.

Ich betrat das Café, nennen wir es »Central«, um kurz
nach vier, und weil es jetzt Mittagessenszeit war, bestellte
ich Leberkäs mit Spiegelei und Bratkartoffeln. Ein dün-
ner Mann mit dünnem Schnurrbart trat an meinen Tisch
und erkundigte sich, ob wir verabredet seien.

»Kann schon sein«, kaute ich und machte einen diago-
nalen Schnitt durch das Eigelb, dass es zur Seite hin zerfloss, wie in einem Film von Luis Buñuel.

Er setzte sich schnell und nahm seinen Hut ab. »Ich bin
nur für wenige Stunden hier und muss noch viel erledi-
gen. Ich bin der Regieassistent an der städtischen Bühne
von Bad Seltsam und mit Projekten beauftragt, die die
Kapazitäten Normalsterblicher bei Weitem überschrei-
ten würden, dabei allerdings von höchster kultureller Bedeutung sind und darüber hinaus alles andere als gut
bezahlt ...« Ein Unterdrückter, ohne Zweifel.

»Dann kommen wir zur Sache. Was kann ich für Sie
tun?«

»Haben Sie schon mal von Romeo und Julia gehört?«

»Vielleicht ...«, sagte ich vorsichtig. Hatte er etwa von
meiner von Shakespeare gesampelten Balkonidee Wind
bekommen? Wie hätte das sein können?

»Es handelt sich dabei um ein Theaterstück des englischen Dichters William Shakespeare und ...«

»Schon gut, Mann, das war ein Scherz. Fahren Sie
fort.«

Er räusperte sich, zog ein Stofftaschentuch aus der Hosentasche, putzte sich die Nase und sagte noch mit der Nase im Taschentuch:

»Der Herr Regisseur plant eine moderne Inszenierung.«

»Soso. Und da wollen Sie die Sache mit ein bisschen DJ-Musik aufpeppen.«

Der Regieassistent nickte heftig.

»Nicht nur das. Weit mehr als das. Eigentlich hat der Herr Regisseur sich sogar dahingehend geäußert, dass der DJ direkt mit auf der Bühne stehen und mitspielen soll.« Er faltete das Taschentuch zusammen und steckte es in seine Hosentasche, dann faltete er die Hände und legte sie vor sich auf den Tisch.

Aha. Na das klang ja wie eine fürchterliche Schnapsidee, wie etwas, auf das man sich auf keinen Fall einlassen sollte, selbst wenn man gerade keinen Roman in der Mache hatte. Es roch nach Ärger und Missverständnissen bei bescheidenen Bezügen. Keine Frage, dass ich ein paar Tage später hinfahren würde, um mit dem Chef, dem Herrn Regisseur, mal persönlich über die Sache zu sprechen.

Vorher las ich das Stück aber noch mal durch. Was heißt noch mal. Seien wir ehrlich: Ich las es erstmalig. Man denkt ja so leichthin, man würde die Story im Großen und Ganzen kennen, aber tatsächlich hatte ich das Stück noch nie im Leben gesehen oder mich sonst wie näher damit beschäftigt, auch nicht in der Schule, soweit ich mich entsinnen kann ... nein. Mit meiner Tochter schaute ich außerdem die zugleich ultrapoppige und sklavisch am Original klebende Leonardo-DiCaprio-Filmversion an, ein wirklich schöner Stoff für 14-jährige Mädchen, wie sich zeigte. Ich mochte ihn aber eigentlich auch ganz gerne in seiner Maßlosigkeit, und Mercutio erinnerte mich sogar an Professor Eric D. Clark.

In Bad Seltsam angekommen, strolchte ich durch die typische, deutsche Einheits-Fußgängerzone, an deren einem Ende sich das städtische Theater befand. Das Theater selbst fand ich zunächst mal toll. Es ist immer toll, hinter den Kulissen herumzustromern. Theater sind wie Schiffe, große, autarke Organismen mit Köchen, Zimmermännern, Elektrikern und Schneidern. Der Dramaturg Patrick Wengenroth hatte mich seinerzeit mal für eine Nacht ans Hamburger Schauspielhaus geholt, natürlich nur als DJ, aber durchaus mit Gestaltungsspielraum, was Motto und Deko betraf. Leider war mir erst am Abend selbst klar geworden, dass ich im Grunde hydraulische rosa Elefanten hätte verlangen können als Dekoration, schließlich war man am Theater, hier wurden Träume erfüllt! So gab es damals nur einen dekorierten Aufzug, den »Fahrstuhl zum DeeJott«, so auch das von mir vorgeschlagene Partymotto, mit dem man direkt auf dem Tanzflur ankam und ihn auch wieder verließ.

Viele Bekannte von mir hatten im Laufe der 90er-Jahre und darüber hinaus am Theater gearbeitet und dort kein schlechtes Auskommen gefunden. Eine pop-politische Stimmung lag in der Luft, die Vorstellung, dass am Theater mittlerweile oder immer noch Dinge möglich waren, die vorher in die Sphäre der Popkultur gehört hatten: Dissidenzen, Radikalismen, Nachrichten über den Zustand der Gegenwart, Big Sinn. Weil die Popkultur aber ihr Momentum verloren hatte, musste der kluge Mann zum Theater weiterziehen, denn nun wurden eben dort die entscheidenden Dinge verhandelt. Ich hatte mich daran kaum beteiligt, nur gelegentlich an Theater-Symposien teilgenommen, mal als Panelist, mal als DJ bei der Afterparty, oft genug beides. Bei den Symposien ging es aber immer um andere, wolkige Themen, den Soundtrack von Städten etwa, den Sieg des Sehens über das Gehör, Intertextualität im Wandel der Zeiten oder die Demokratisierung des Remix. Theaterfernes, das aber wiederum zeigte, wie sehr eben am Theater Dinge möglich waren, wie sehr *verhandelt* wurde.

Grundsätzlich hatte sich meine Faszination für Theaterbesuche immer in Grenzen gehalten, wie die für den Besuch von Fußballstadien, wahrscheinlich wegen meiner schlechten Augen. Ich konnte das alles immer so schlecht erkennen, was da in der Entfernung vor sich ging. Es gab keine Close-ups, es gab keine Zeitlupen, es wurde immer geschrien, ja es war wirklich so ähnlich wie beim Fußball. Fernseh-Aufzeichnungen von Theaterinszenierungen trugen nicht dazu bei, mein Interesse zu steigern. Theater bedeutete für mich, wie im schönsten Klischee, dass nackte Frauen mit Blut und Kotze übergossen und dann an ihren Haaren schreiend über die Bühne geschleift wurden, von grobschlächtigen Glatzköpfen, die ihrerseits schrien. Aber man musste der Sache zumindest eine Chance geben. Wenn man gefragt wird und eigentlich Besseres zu tun hat, kann man sich auf einmal für alles Mögliche interessieren, schien in letzter Zeit meine Maxime zu sein. Neugierig betrat ich also den großen Saal, wo mir der Regieassistent eilfertig den Chef, den Herrn Regisseur, vorstellte, grau meliert, mit einer feinen Brille, die an einer Brillenschnur über seiner Brust ruhte. Wir setzten uns ungefähr in die Mitte von Reihe sieben. Bevor der Assistent sich ebenfalls zu uns setzen konnte, klatschte der Herr Regisseur zweimal in die Hände. Der Assistent verschwand und kam wenige Minuten später mit zwei köstlichen Kantinen-Cappuccinos zurück. Dann setzte er sich in die Reihe vor uns, von wo aus er zu uns aufschaute.

Im Umgang mit Hierarchien neige ich zum Fremdeln. Ich bin es nicht gewohnt. Ich hatte noch nie einen richtigen Chef und ich war auch noch nie ein richtiger Chef. 1988 hatte ich zuletzt so etwas Ähnliches wie Chefs, die Herausgeber des Hamburger Stadtmagazins, für das ich damals als blutjunger Filmredakteur arbeitete. Aber das wars auch schon, und auch das war nun wirklich keine Hierarchie im klassischen Sinne. Nie wurde ich ins Büro zitiert, mit den Worten:

»Nieswandt, was ist das für eine Schweinerei, sie machen das alles noch mal!«

Einmal gab es Ärger, weil ich Felix Reidenbach beauftragt hatte, den Film »Yentl« mit Barbra Streisand zu besprechen, und er ihn gnadenlos verrissen hatte. Sicherlich einer der nervigsten Filme aller Zeiten – sie spielt ein jüdisches Mädchen, das Rabbi werden will und sich deshalb als Junge verkleidet. Wirklich unerträglich, aber die Filmfirma war schwer beleidigt und drohte mit Anzeigenboykott. Was soll ich sagen: Man zitierte mich ins Büro, Nieswandt, was ist das für eine Schweinerei? Ich sagte: Aber Chefs, die Filmkritik entspricht völlig den Tatsachen, der Film nervt. Darauf die Herausgeber: Gut, das akzeptieren wir, fahren Sie mit Ihrer hervorragenden Arbeit fort. So in etwa. Später, bei der alten, linken »Spex« war die Hierarchie dann selbstverständlich total flach, Macht hatte man hier, wenn überhaupt, nicht qua Titel, sondern qua Psyche und Charisma. Auch mein anschließendes Disko-Projekt Whirlpool Productions hatte keinen Chef, bzw. gleich drei, hervorragend versinnbildlicht auf dem Cover unserer ersten LP: drei Typen im Auto, die gleichzeitig an einem einzigen, riesigen Lenkrad drehen. Gezeichnet hatte das ebenfalls Felix Reidenbach.

Seit damals jedenfalls gibt es in meinem Leben keinen Chef mehr, und deshalb muss ich in meinem Leben selbst Chef sein. Da ich aber keine Angestellten habe, muss ich schizophren sein. In mir gibt es verschiedene Abteilungen. Es ist so ähnlich wie im Theater, es gibt Köche, Zimmermänner und Elektriker. Okay, die letzten beiden kann man vergessen. Die coolsten Leute arbeiten natürlich in der Kreativabteilung, wo gejammt wird und Versuchsballons steigen gelassen werden. Die ärgsten Jammerlappen und Spaßbremsen wiederum sitzen natürlich in der Buchhaltung, von wo sie sich Tag für Tag in Erinnerung zu rufen versuchen und oft genug von den Kreativen erfolgreich ignoriert werden. Ich meine, wer hält den Laden denn letztlich am Laufen? Doch auch unter den Kreativen gibt es Aufmerksamkeits-Theater. Meistens setzt sich der DJ durch:

Ein Zimmer mit vielen Möglichkeiten. Ein Tisch, ein Stuhl, ein Computer. Regale mit Schallplatten an den Wänden, an der Seite ein Plattenspieler-Pult. Der Schreiber sitzt am

Tisch und starrt stirnrunzelnd auf den Bildschirm. Der Trackmaker sitzt neben ihm und döst. Der DJ steht hinter dem Pult und ist ein bisschen aufgeregt.

Der DJ: »Ich habe morgen ein Set. Das muss ich jetzt zusammenstellen.«

Der Schreiber: »Aber es ist nur noch so wenig Zeit bis zur Deadline.«

Der DJ: »Da kannst du gar nichts machen. Ich geh jetzt zu den Platten.«

Der Schreiber, schicksalsergeben: »Vielleicht kannst du ja währenddessen weiter über das Buch nachdenken ...«

Der DJ, eine alte Diskoplatte auflegend, »Lady, Lady, Lady« vom Boogieman Orchestra: »Das ist eine sehr gute Idee. So wird das gemacht.«

Der Trackmaker, beim Klang der Musik aufwachend: »Hey, die Stelle eben war genial! Die könnten wir samplen! Oder einen Edit machen aus dem Track!«

Der DJ: »Ja, aber ich muss doch das Set zusammenstellen. Das hab ich doch dem Schreiber schon gesagt!«

Der Trackmaker: »Ich habe die Idee JETZT. Dann lass es uns schnell hinter uns bringen, damit du danach dein Set zusammenstellen kannst, und danach kann der Schreiber dann schreiben. Oder, Schreiber?«

Der Schreiber: »Ich kann sowieso nur schreiben, wenn alles erledigt ist. Ich bin es doch gewohnt, der Letzte in der Schlange zu sein, der ewig Wartende.«

Schreiber ab. DJ und Trackmaker tief über den Laptop gebeugt, rhythmisch nickend. Vorhang.

Dass ich mit innerinstitutionellen Rollenverteilungen und ihren Riten nicht vertraut war, merkte der Herr Regisseur schon bei der Begrüßung.

»Na dann mal zur Sache, junger Mann.«

»Oh danke, das Kompliment gebe ich gerne zurück.«

»Sie sind also der DJ.«

»Ääääh ... jaaa?«

Er schien noch nie von mir gehört zu haben. Nicht, dass ich das irgendwie erwartet hätte. Na ja, im Grunde hätte ich schon vorausgesetzt, dass hier eine etwas genauere Vorstellung davon herrschte, was ich nun exakt so machte, mit was für einer Art Musik zum Beispiel bei mir zu rechnen wäre. Ihm schien es zu genügen, dass man mich als DJ angekündigt hatte. Etwa wie einen Klempner. Ein toller und höchst respektabler Beruf, aber ich denke, man kann behaupten, dass die meisten Klempner nicht viel Spielraum haben, ihren Beruf zu interpretieren. Jeder Klempner kann jedes Rohr reparieren, behaupte ich jetzt mal, aber nicht jeder DJ kann jeden Floor reparieren. Es ging hier offenbar gar nicht um mich persönlich, ich war nur die DJ-Figur, das wurde mir bald klar, aber kein Problem, Alter, was geht ab, wie kann ich helfen?

»Sehr schön, sehr schön. Es geht darum, für uns Musik zu machen, für Romeo und Julia, für Shakespeare, für ganz Bad Seltsam ordentlich etwas zusammenzuscratchen.«

»Wie meinen Sie das?«

»Na, Sie wissen schon.« Er knuffte mich jovial mit dem Ellenbogen in die Flanke.

»Ich habe da so eine vage Idee ... Sehen Sie, die Verbindung von Hochkultur und Popkultur ist problematisch. Am Ende verlieren beide und ...«

Er unterbrach mich ungeduldig: »Wir möchten Sie auch direkt mit auf der Bühne platzieren, als integralen Bestandteil der Inszenierung. Das wäre dann der Schrei der Moderne. Kennen sie die Verfilmung mit Leonardo DiCaprio?«

»Ja«, sagte ich und betonte es so, als wenn das ein besonders gutes Beispiel für die von mir soeben angerissene Problematik sei. Der Herr Regisseur aber sagte:

»Genau so muss man das machen! Tüchtig aufmischen, oder, wie man in ihrer Branche sagt, die ganze Chose remixen!«

Da war er wieder. Der unvermeidliche, unverwüstliche Verweis auf den Remix. Seit mindestens zwanzig Jahren wurden das Wort »Remix« und seine Schwester »Samples« unerschütterlich in Kulturbereichen benutzt, in denen sie nichts verloren hatten. Der einzige Sektor, der von dieser Aneignungspraxis bis jetzt Abstand gehalten hatte, obwohl er der einzige ist, in dem sich der Begriff sinnvoll verwenden ließe, war die Kochkunst. Denn Kochrezepte kann man tatsächlich neu abmischen. Überall sonst ist das Bild aber schief und krumm, man kann in Wirklichkeit keine Theaterstücke remixen und auch keine Bilder und Bücher. Das sind Bearbeitungen oder Collagen oder sonst etwas, aber keine Remixe. Der einzige Grund, warum das R-Wort unausgesetzt zweckentfremdet wurde und wird, war und ist nur der sexy Imagetransfer, den er verspricht – dadurch weht immer gleich ein wenig hipper, moderner und desperadohafter DJ-Wind durch die weihevollen Hallen der höheren Kulturen, so das simple

Kalkül, aber es verfängt nicht. Es verfängt aus dem gleichen Grund nicht wie die Idee der Techno-Oper. Das eine wird nicht weihevoller, das andere nicht poppiger, für beide ist allein die Ambition schon peinlich.

So deutlich sagte ich das dem Herrn Regisseur nicht direkt. Genau genommen sagte ich erst mal gar nichts. Gemeinsam gingen wir das Stück nun durch. Ich hatte mir eine sehr empfehlenswerte zweisprachige Ausgabe besorgt, links das englische Original, rechts die deutsche Übersetzung. Keine Frage, Shakespeare hatte Skills, wie man im Hip-Hop sagt. Mit meiner Hip-Hop-Assoziation lag ich richtig: Der Herr Regisseur stellte sich vor, große Teile des Textes in Raps umschreiben zu lassen, und zwar von mir:

»So, Herr Nieswandt, dieser Dialog hier zwischen Benvolio und Mercutio, das geht gar nicht. Da muss möglichst ein Monolog her, besser ein Rap. Es sollte alles in allem wesentlich cooler wirken, moderner ...«

»Mit so Wörtern wie krass oder derbe, meinen Sie?«

»Genau. Sie sehen ja, am besten wäre es, wenn Sie das selber machen, Sie kennen sich ja aus. Sie haben ja auch Bücher geschrieben, wie ich mir hab sagen lassen. Und Remixe gemacht. Sie remixen einfach Shakespeare.«

Uff. Mir stand der Verstand still. Mein Schweigen wurde als Zustimmung gedeutet. Ich hatte eigentlich ganz andere Dinge im Kopf gehabt, eher Technisches, wie man zum Beispiel auf einer schwingenden Holzbühne mit Massenszenen um einen herum vernünftig Platten auflegen sollte – es würde nicht gehen. Man müsste es mit vorproduzierten CDs machen und die Schallplatten nur aus Showgründen auflegen, wie in der Werbung, da wurde auch immer noch auf den optischen Mythos Schallplatte gesetzt, wenn der Klub-Lifestyle das Produkt emotional aufladen sollte. Kann man hier ja genauso machen, dachte ich. Doch zum Reden über Probleme und ihre Lösungen kam ich nicht. Schon hatte der Regisseur weitere Passagen an der Seite mit drei großen Buchstaben markiert: RAP, RAP, RAP ...

Ich fühlte mich ein wenig überfordert: Musik auswählen, Musik editieren, Musik während der Aufführung abspielen, und zwar *auf* der Bühne, eine Sprechrolle war mir auch schon angedeutet worden, vielleicht der Servingman. Das ganze 20-, 30-mal. Viele Proben. Zuvor aber noch das halbe Stück umschreiben. Konnte es sein, dass ich hier die ganze Arbeit allein machen sollte?

»So, Herr Nieswandt, dann wären wir ja fast am Ende, das läuft ja so weit alles ganz prächtig. Käme noch die Schlussszene. Also die geht meiner Meinung nach so gar nicht. Das ist ja wirklich so was von unzeitgemäß, diese lächerliche Versöhnung am Grab, Friede, Freude, Eierkuchen – heutzutage würden die sich alle erschießen! Also das schreiben Sie am besten alles komplett um.«

Hatte ich das jetzt richtig verstanden? Das Ende von »Romeo und Julia« umschreiben? Wer war ich denn? Ich sagte:

»Die beiden könnten ja auch überleben.«

»Machen Sie, was Sie für richtig halten.«

»Wir könnten das Ganze einfach ›Romeo und Julius‹ nennen, was halten sie davon? Ein schwules Paar, das überlebt und, äh, Kinder adoptiert. Das wär doch ziemlich modern.«

»Ja, schon, aber wir wollen das Stück auch mit Laien-
darstellern aus dem Ort besetzen. Die Dorfbewohner
sollen von lokalen Streetkids aus sozialen Brennpunkten
gespielt werden, die könnten vielleicht irritiert auf diese
Version reagieren. Aber ganz wie Sie meinen. Machen Sie
nur, machen Sie.«

Ich bewegte mich auf dünnem Eis. Einerseits war es
durchaus verlockend, meinem persönlichen Theater der
Merkwürdigkeiten eine weitere Szene hinzuzufügen, viel-
leicht die bisher größte. Andererseits roch es schwer nach
Ärger, nach großen Mengen Ärger und schrecklich viel
Arbeit über einen langen Zeitraum im Spinnennetz der
Hierarchien, bei selbstredend bescheidenen Bezügen.
Von einem Bekannten von mir, DJ Fangkiebassbeton,
wusste ich, dass er Erfahrung mit DJ-Tätigkeiten im The-
aterkontext hatte. Ich schilderte ihm die Situation am
Telefon unter dem Vorwand eines Toilettenbesuchs und
er sagte nur:

»Oh, oh, oh, oh, oh ...«

»Ich verstehe ...«

»Ei, ei, ei, ei, ei ...«

»Oh Mann, vielen Dank, das war ein profunder Rat-
schlag. Da hast du natürlich vollkommen recht. Du hast
mir echt geholfen und mich vor einer schweren Blamage
bewahrt!«

»Auf jeden Fall, Mann. Hau rein, Alter.«

Es kam, wie es kommen musste: Ich sagte den Auftrag
ab. Nachdem ich festgestellt hatte, dass so ziemlich die
ganze Verantwortung für Ton und Text der Inszenierung
auf meine Schultern abgewälzt zu werden drohte, zog ich
die Notbremse. Ich wollte kein Unterdrückter werden.

Lieber wollte ich sehen, wie es denn nun weiterging mit dem guten Dennis und seinem eigenen Theater. Das Dinner mit Dudi und Dalia war durch. Wenn mich nicht alles täuschte, war es jetzt endlich so weit. Die Party konnte beginnen.

Dennis Gets Deep

»Und ... und dann hat er gesagt, dass ich eigentlich Dionysos heiße, und dass ... dass davon mein Name, also Dennis, herge-leitet wird!« Dennis stotterte ein bisschen vor Aufregung, einmal über das, was er gerade gehört hatte, und auch weil er es der schönen Dalia erzählte, mit der er jetzt an der Bar des »Wehr-haus« stand und Wodka Physalis trank. Dudi Rutschke hatte schon die DJ-Box geentert, weil sein Set bald beginnen würde – im Augenblick legte noch Wehrhaus-Resident DJ Marotte auf, ziemlich coole, sehr aktuelle Disko-Edits von zum Teil wohl ur-alten Sachen, Fleetwod Mac und so, die sich auf dieser riesigen Anlage aber taufrisch anhörten.

»Dionysos? Der Grieche? Das ist ja witzig.« Dalia hörte auf-merksam zu und lächelte ihn tiefgründig von unten an. Sie schien ihn ganz gern zu mögen, auch wenn er sich beim Abendmahl überhaupt nicht um sie gekümmert hatte, sondern ganz in Dudis Ausführungen versunken gewesen war.

»Ja, der Grieche. Also der griechische Gott. Der ehemalige griechische Gott.«

Dennis überlegte kurz. Gab es das überhaupt, ehemalige Göt-ter? Götter, die es mal gegeben hatte, aber jetzt nicht mehr? Sollte das möglich sein? Entweder gab es alle Götter noch, oder gar keinen mehr, beschloss er. Ach herrje, Dudi hatte ihn völlig verwirrt mit seinen Weisheiten, natürlich gäbe es Gott, hatte er gesagt, wir hätten ihn uns ja schließlich selbst gebastelt, genau wie die Simpsons, Superman und das Sandmännchen. Dennis ließ seinen Blick über den großen Floor des »Wehrhaus« schweifen. Er sah die Tanzfläche plötzlich mit ganz anderen Augen. All diese verzückten und entzückenden ... Gläubigen. Er wendete sich wieder zu Dalia, jetzt nachdenklicher, und sagte:

»Aber es ist nicht nur witzig. Es ist viel, viel mehr als das. Mir war bis eben gerade überhaupt nicht klar, was dieser Dionysos für eine Bedeutung hat. Ich meine, nicht nur so insgesamt, sondern vor allem total für uns, für die Klubkultur. Im Grunde ist das ja unser Gott, der Dionysos.« Längst hatte der Gedanke von Dennis Besitz ergriffen, sich in diesem Sinne zu stylen. Wahnsinn, dass sein Name der eines Gottes war, noch dazu genau des richtigen Gottes. Na, dem würde er in Zukunft aber alle Ehre erweisen ...

»War das nicht eine ziemlich wüste Type?«, fragte Dalia. »Ich stelle mir den mehr so als eine Art betrunkenen Macho-Krieger mit Federhelm und blanker Brust vor.«

»Nein! Ganz falsch!«, rief Dennis. Für eine Sekunde hatte er sich Dalia mit blanker Brust und Federhelm vorgestellt, konnte diesen Impuls aber rasch beiseitewischen, jedenfalls für den Moment. Hinter Dalia stand Gundula mit Josh an der Bar. Die beiden schienen sich super zu verstehen, Dennis sah, wie sie zusammen lachten und dabei die Haare zurückwarfen, immer wieder. Sie hatten schon den ganzen Nachmittag zusammen verbracht, als er beim Soundcheck gewesen war. Ob Gundel mit ihm gesmokt hatte? Seltsamerweise machte ihm das alles nichts mehr aus, jetzt, als er hier mit Dalia stand, die etwas älter war als er selbst und ihn immer noch ansah und auf die Erklärung wartete. Gundel hätte sich das gar nicht erst angehört,

»Ach, du immer mit deinem DJ-Latein«, sagte sie gerne, wenn er ihr von irgendwelchen Labels und Remixern erzählen wollte. Sie nahm das alles gar nicht richtig ernst. Was sie für Dennis' Zukunft sah, war nicht die Transformation in einen Gott, sondern ein ganz normaler Beruf, vielleicht im Tourismuswesen oder Stadtmarketing. Dieses DJ-Dingens fand sie zwar ganz süß und spaßig und diese Wegschießerei am Wochenende manchmal auch, aber es war wohl kaum mehr als eine kurze Lebensphase, die wegen ihr demnächst auch mal zu Ende gehen könnte. Das hatte sie Dennis gegenüber jetzt schon öfter angedeutet, zuletzt vor zehn Minuten, als sie sich kurz vor der Toilette begegnet waren. Bis jetzt sei das hier ja weder »wow« noch »spezial«, hatte sie gesagt.

Für ihn hingegen war der Abend jetzt schon eine Offenbarung. Er sah alles in ganz neuem Licht – sich, seine DJ-Zukunft, seinen DJ-Namen, Gundel, Dalia ... Er sog an seinem Strohhalm, schluckte und sagte schließlich zu Dalia, die ihn immer noch geduldig anschaute:

»Dionysos war kein Machoman. Der war eher androgyn unterwegs. Mein Gott, was Dudi alles weiß.«

»Dionysos war androgyn? Aber der hatte doch einen Vollbart!«

»Jedenfalls war er kein Sexgott im engeren Sinne. Dudi sagt, dafür waren andere zuständig. Dionysos war der Lord of having big fun, der Gott der rauschhaften Ekstase, der Partygott, damit brachte er die Peoples positiv zusammen, genau wie wir, die DJs. Denn die lokale Community braucht ihre regelmäßige, wöchentliche Ekstase, verstehste, allein schon aus Gründen der Seelenhygiene, um den ganzen Scheißdruck ablassen zu können, den verdammten Stress und die schlimmen, schlimmen Sorgen. Klar geht es da auch ums Baggern, ich meine, hey, come on, aber es geht doch trotzdem vor allem um das gemeinsame Abgehen auf Musik, das gemeinsame Highsein auf und durch Musik, um Peace, Love and Understanding. Dudi meinte sogar, dass ganz viel von Dionysos später in die Ausgestaltung der Jesus-Figur eingeflossen ist.«

»Jesus wurde ausgestaltet? Ich dachte gekreuzigt?«, fragte Dalia skeptisch.

»Haha, jetzt mach dich nicht lustig! Nimm nur den Wein, oder das Peaceding, oder die Erlösung. Und Jesus hatte es eben auch nicht so mit dem Sex, na ja, wer weiß das schon, jedenfalls nicht dass man wüsste. Vielleicht hat man uns das auch jahrtausendelang verschwiegen. Ist aber auch egal. Das Ding ist: Dudi sagt, dass heutzutage die Klubs viele verwaiste Jobs der Kirche übernommen haben. Ganz früher, als die Kirchen noch keine Bänke hatten, haben die Leute nämlich andauernd Erscheinungen gehabt und in Zungen geredet und das Licht gesehen. Weiß auch nicht, was er damit genau meint. Aber darum geht es, das ist das Gefühl, das man sich von einem Besuch erhofft. Dudi meinte, das sei im Prinzip auch alles nix Neues, das sei nicht alles auf seinem Mist gewachsen, ihm sei nur aufgefallen, wie dieses Urchristen-Ding praktisch sofort mit dem Beginn der DJ-Kultur aufkam, weil das ja am Anfang ne totale Subkultur von verfolgten Minderheiten war. Von Anfang an haben deshalb die Tänzer ihre DJs zu Priestern gemacht«, schloss Dennis stolz.

»Na dann werde doch auch Priester. Aber bitte ohne Zölibat«, lachte Dalia frech.

»Ja, das wär nix«, lachte Dennis zurück. Dalia schien seine Dionysos-Idee richtig gut zu finden. »Dionysos wird ja sogar eine ganze Horde von Frauen zugerechnet, die Mänaden, wenn ich mir das richtig gemerkt habe. Das waren ganz wilde Weiber. Auf Englisch heißen die witzigerweise raving nymphets, also ravende Nymphen.«

»Ravende Nymphen? Na das hört sich jetzt aber schon irgendwie sexistisch an.«

»Aber nein! Die ravenden Nymphen waren hart drauf, die waren keine Opfer. Die sind in bestimmten Nächten sogar zum Raven in den Wald gegangen, um dort wilde Tiere mit bloßen Händen zu erlegen und ihr Blut zu trinken.«

Die Musik hörte so abrupt auf, dass »ihr Blut zu trinken« in der näheren Umgebung sehr laut zu hören war und Gundel sich kurz zu ihm umdrehte. Offenbar war Marottes Set zu Ende und Dudi würde anfangen. Dennis berührte Dalia leicht am Oberarm, »Pass auf, jetzt kommt gleich ein A-cappella-Intro! Hat er mir eben schon gesagt, ein ganz deepes Ding von Roland Clark, danach würde mir einiges klar werden, hat er gesagt ...«, und da unterbrach ihn auch schon Roland Clark mit seiner eindringlichen, beschwörenden Stimme,

»I get deep, I get deep, I get deeper, deeper, into this thing. The deeper I go the more knowledge I know, what to sing, what to bring ...«

Dumpf setzte eine Kickdrum ein, paukte einen geraden, nicht zu schnellen House-Rhythmus, vielleicht 118 bpm, während Clark fortfuhr:

»How on earth are you supposed to vibe around the fake ones
The ones they say they know what is what
But they don't know what is what
They just strut, what the fuck ...«

Leicht peitschend, aber nicht unangenehm, ganz im Gegenteil, unheimlich animierend, kamen Handklaps zu der Vierviertelpauke dazu. Dennis strahlte Dalia an und nickte mit dem Kopf zum Beat. Die Leute auf der Tanzfläche riefen Sachen wie »Yeah« oder »Jawoll«, manche klatschten mit, und das Stroboskop begann zu blitzen. Wow, das war ja wirklich ziemlich dramatisch, fand Dennis, und auch Dalia, Josh und sogar Gundel nickten mit den Köpfen und sahen fasziniert auf die Tanzfläche, auf der gerade eine fette Bassline die Leute regelrecht am Schlafittchen gepackt hatte, sie dann aber sofort wieder hängen und zappeln ließ, weil Dudi die Bassfrequenzen direkt wieder rausgedreht hatte, genau in dem Augenblick, als Roland Clark ächzte:

»I get deep, I get deep, I get deep, I get deep when he takes out all the bass of the song, and all you hear is highs, and it's like: oh shit!«

Heftig kam der Bass zurück, endlich setzte auch eine scharfe Off-Hi-Hat ein, und man sah, wie sich die Tänzer mit ihren Körpern jetzt richtig in den Song hineinwarfen. Ein unglaublich schönes, kraftvolles Keyboard-Riff kam dazu, himmlische Harmonien, bei denen Dennis war, als würde ihm das Herz schmelzen, so süß, so glücklich machte ihn das schlagartig. Er lachte Dalia an und sie lachte ihn auch an, und dann sah er, dass sich Gundel und Josh auch anlachten, und es machte ihm immer noch nichts aus.

»Now it's about 3 a.m.« – Wahnsinn, das stimmte genau! –

»And I see people doing pliers, spinning, jumping and grinding, as if they had wings on their feet, raising both hands in the air as if Jesus was a DJ himself, spinning those funky, funky, funky housebeats ...«

Viele warfen die Hände hoch auf der Tanzfläche, und Dennis war sich sicher, dass es alle gewesen wären, wenn alle die Worte verstanden hätten. Eine elektrisierende Stringfläche, Congas und ein Tambourin vervollständigten das Arrangement des kraftvollen House-Tracks, über den Roland Clark weiterhin seine Predigt hielt.

»And in this temple we all pray in unity for the same things: Rhythmatic cause without pause, bass from those high defi-

nition speakers sitting in each corner of this room, giving us the
boom, boom, boom to our zoom, zoom, zoom ...«

Die Tanzfläche in einem Bogen umkurvend, lief Dennis zur
DJ-Box und winkte kurz Dudi zu, der mit beiden Händen an den
EQs schraubte, ihm mit der Rechten aber schnell ein Peace-Zei-
chen machte, ihn anlächelte und dann mahnend den Zeigefinger
hob, damit Dennis die nächsten Worte nicht verpasste:

»Sanctified like an old lady in church, we get happy.
We stomp our feet.
We clap our hands.
We shout, we cry, we dance and we say: Sweet Lord, speak to
me! Speak to me, speak to me, speak to me. Because we love
house music, and on this night it brings us together like a family
reunion every week.
We eat, we drink, we laugh, we play, we stink – so for all you
hiphoppers, you doowoppers, namedroppers, you pillpoppers,
come into our house, to get deep, yo, to get deep.«

Dudi nahm die Platte mit Roland Clarks A-cappella vom Teller,
steckte sie in ihre Hülle, zog sofort die nächste aus seiner Kiste
und mixte sie ziemlich schnell hinein. Der Beat wurde noch um
einige Nuancen elektronischer, das musste irgendwas Aktuelles
aus Deutschland sein, fiebrig rappelte die Percussion, das Tambourin rasselte weiter, eine organische Mischung aus funky
Groove-Klängen und digitaler Manipulation – OMG, das musste
»Dopamin« von Robag Wruhme sein! Faszinierende Hallräume
gingen da auf und verschlossen sich ebenso schnell wieder, bis
alles erneut furztrocken war. Ja, das war die Handschrift des
Wunderheilers aus Jena! In einer knappen Stunde würde Dennis
anfangen aufzulegen, aber jetzt ging er erst mal tanzen, er konnte gar nicht anders.

I Will Dance

Es war wie verhext. Kaum saß ich an der Tastatur und versuchte, den Rausch und Reiz des Dionysischen auch an normalen Wochennachmittagen heraufzubeschwören, vibrierte es. Leider nicht bei mir, nur bei meinem Telefon. Täglich trafen neue, abstruse An- und Aufträge ein, von Agenturen, Redaktionen, Institutionen, Privatpersonen oder der Finanzbehörde. Und wann immer mich jemand um Hilfe bat, war ich da, offensichtlich ganz egal, um was es ging, ich war zur Stelle, mit Rat, Tat oder Geld, im Falle der Behörden. Es war mir aus unerfindlichen Gründen praktisch unmöglich, ein Hilfegesuch abzulehnen. Vielleicht litt ich ja unter dem berühmten Helfersyndrom. Der einzige Mensch, zu dem ich zuverlässig Nein sagen konnte, war mein neuer Held Dennis: »Nein, Dennis, heute ist mir wirklich nicht nach Schreiben über dich zumute. Du hast mir zu viel Sex und Religion im Kopf. Außerdem laberst du endlos herum, anstatt Dalia mal ein paar Komplimente zu machen oder dich nach ihrem Beziehungsstatus zu erkundigen. Ich werde deine Geschichte erst morgen weitererzählen, wenn du weißt, was du willst.« Sobald aber irgendein noch so komischer Vorschlag an mich herangetragen wurde, etwas, das mir Gelegenheit gab, das Haus zu verlassen, war ich auch schon dabei.

Offenbar war es aber auch immer zwingender geworden, in allen möglichen gesellschaftlichen oder kulturellen Debatten die Stimme eines Discjockeys einzuholen. Vielleicht weil man erkannt hatte, dass diese Kanzel auch ein ganz guter Ausguck war für den Blick auf den Rest der Gesellschaft in der nahen und fernen Umgebung. Es gab jedenfalls fast keinen Lebensbereich mehr, in dem die DJ-Sichtweise nicht gefragt gewesen wäre. Wie stehen Sie als DJ zum Zölibat? Wie würden Sie das Thema remixen? Wenn das so weiterginge, säße bald in jedem Ethikrat neben Vertretern der verschiedenen Konfessionen auch ein DJ. Wobei sich da noch die Frage stellen würde, welcher Konfession der angehören sollte: liberal-hedonistischem House, radikal-oppositionellem Dubstep oder doch eher konservativ-gediegen, vielleicht Dancefloor Jazz?

Während ich innerlich immer noch den Kopf schüttelte über den Wahnsinn, in den ich am Theater fast verwickelt worden wäre, kam eine Bitte von der Hamburger Wochenzeitung »Die Zeit«. Es handelte sich um eine Podumsdiskussion zum Thema »68er«, ob ich da helfen könnte, und zwar indem ich mitdiskutierte. Keine Frage, dass ich meinen Computer zuklappte und zum Bahnhof dackelte.

Alle anderen Gäste waren echte Veteranen der damaligen, bedeutenden, schicksalhaften Ereignisse, ich sollte die junge Generation und ihre Wahrnehmung der 68er repräsentieren. Das fand ich witzig, schließlich war ich selbst schon Mitte vierzig. Für ein Mitglied der jungen Generationen fühlte ich mich den 68ern doch recht nah – schon 78 war auch ich eine Art kleiner Hippie gewesen, der Bommi-Baumann-Bücher las. Von daher kannte ich auch noch all die Ober-Revolutionäre und Chef-Stalinisten, jedenfalls die vom Bodensee, die sich in der Konsequenz ihres politischen Denkens ständig gegenseitig hatten überbieten müssen und dabei natürlich bald jedes vernünftige menschliche Maß verloren und absurde Ansprüche an die ganze Welt gestellt hatten. Und ich kannte natürlich auch all die wunderschönen Hippie-Elfen und Hippie-Prinzen, die andere, hedonistische Seite von 68, die sich weder an praktischen noch an theoretischen Kämpfen hatte beteiligen wollen, sondern lieber Liebe machen und fliegen, Mann!

Eigentlich war zu dem »Zeit«-Gesprächskreis vor allem Götz Aly eingeladen gewesen. Als ehemaliger 68er-Aktivist hatte er in seinem Buch »Unser Kampf« vor einiger Zeit schwer gegen die heilige Bewegung gepoltert, Größenwahn angeprangert, Dezisionismus beklagt und im Großen und Ganzen behauptet, die 68er, er also inklusive, seien auch nicht besser gewesen als ihre Väter, die 33er, von Allmachts- und Allmachbarkeits-Fantasien getriebene Macho-Psychos auf dem totalen Umsturz-Trip. Aly war aber verhindert, stattdessen war der ehemalige RCDS-Vorsitzende und CDU-Politiker Wulf Schönbohm erschienen, als ebenfalls damaliger Player in der Opposition der Opposition zwar ein kompetenter Zeitzeuge, längst aber milde geworden.

Um den wirklich neuen Generationen, den in den 90ern Geborenen, mal ein paar Abkürzungen zu erklären: Der RCDS, der Ring Christlich Demokratischer Studenten, war quasi der Gegenpol zum SDS, dem Sozialistischen

Deutschen Studentenbund, den linken Studenten also, denen, die man heute neben der APO, also der Außerparlamentarischen Opposition, allgemein als die 68er betrachtet. Jedenfalls was (West-)Deutschland betrifft, wo die ansonsten ja äußerst internationale, popgetriebene 68er-Bewegung ihre sehr eigene Charakteristik entwickelt hatte, massiv geprägt von der emotional anspruchsvollen Auseinandersetzung mit der NS-belasteten und auch sonst muffigen Elterngeneration. Ohne diese sehr deutschen 68er wären heutzutage neben all den kontinuierlich existierenden schwarzen Blöcken und autonomen Zellen zum Beispiel auch die Grünen nur schwer vorstellbar. Weswegen ja die Politikerin Krista Sager ebenfalls auf dem Podium saß, der ich aber leider keine neuen Anekdoten über DJ Dosenpfand entlocken konnte.

Schließlich waren noch die sympathischen Getty- bzw. Winkelmann-Zwillinge eingeladen, Gisela und Jutta, die auch schon ein Buch veröffentlicht hatten über die wilde Zeit damals, als sie als »Sterntaler« des Hippie-Jetsets dionysische Fantasien gleichzeitig lebten und beflügelten. Ihr Buch »Die Zwillinge oder Vom Versuch, Geld und Geist zu küssen« war allerdings weniger eine Abrechnung als ein Schwelgen und kam beim Feuilleton bestenfalls mäßig an – naiv und leer sei es, ohne jede Selbstkritik oder -ironie. Tatsächlich fühlte ich mich den Hippie-Girls aber mehr verbunden als den strengen Revoluzzern, ich empfand sie als, in gewisser Hinsicht, Vintage Disko, sie passten in mein romantisches, aber nicht komplett unrealistisches Bild der frühen Tage der Disko-Kultur. Hippie-Engel wie sie waren es gewesen, die die ersten Diskos bevölkert und verzaubert hatten. In einem Gespräch mit dem englischen Künstler Stephen Duffy, das ich vor vielen Jahren mal für die Musikzeitschrift »Spex« geführt hatte, hatte dieser mir von seinen Fantasien über ganz frühe Diskos erzählt, als sie noch nicht Diskos hießen und als die Lieder noch bis zum Ende gespielt wurden, inklusive des kompletten Fadeouts. »Vielleicht haben sich die Leute die fantastischsten Dinge gesagt während des Fadeouts«, so Duffy, und beide hatten wir Tränen in den Augen. Diese Szene fiel mir ein, als ich die lieben Zwillinge dort auf dem Podium von ihren lustigen Zeiten sprechen hörte. Denn Disko, das stand für mich fest, war ohne 68 nicht denkbar. In der ursprünglichen Idee von Disko, das war eine historische Tatsache, waren die sozialen Errungenschaften der Hippies, der Schwarzen und der Schwulen Ende der 60er-Jahre verschmolzen. Diese These könnte ich so eisenhart vertreten wie Trittin seinerzeit das Dosenpfand, falls die Rede darauf kommen würde. Und falls nicht, könnte ich sie einfach darauf bringen.

Die Diskussion verlief etwas weniger wild, als es so manche politische Auseinandersetzung damals getan haben mag, zumindest soweit ich das beurteilen kann. Vielleicht hätte Aly als dissidenter Ex-Genosse ja doch mehr Zündstoff geboten und Aggressions-Potential freigesetzt. So ging es insgesamt sehr harmonisch zu. Schönbohm attestierte, dass damals ja wirklich untragbare Zustände geherrscht und dringender Reformbedarf bestanden hätte, mal die Fenster aufgemacht werden mussten; er selbst hätte mit seiner späteren Frau ja in wilder Ehe gelebt, ständig bedroht vom damals noch gültigen Kuppelei-paragrafen. Schwulsein war ebenfalls noch illegal, Kriegskrüppel auf Krücken liefen überall herum, niemand hatte einen Laptop, es gab noch kein Internet, die Leute telefonierten stehend im Flur und hatten drei Fernsehprogramme. Mir fröstelte etwas bei dem Gedanken, dass ich damals ja schon gelebt hatte und unter diesen kargen Umständen aufgewachsen war.

Ich fragte mich unterdessen immer noch, was ich zur Diskussion beitragen konnte – letztlich nicht viel. Natürlich war ich ein Kind der Post-68er-Generation, das von den ganzen Hippies, Politicos und Spaßguerillas sowohl beeinflusst worden war, als sich auch bald via Punk, Pop, House und Disko, abgegrenzt hatte. So ähnlich wie man das mit älteren Geschwistern macht, die man auch nicht für alle Zeiten bewundert, bloß weil sie älter sind und einem ein paar Fenster aufgemacht haben. Was ich jetzt im Gesprächskreis so auch ungefähr loswerden wollte:

»Im Prinzip sind die 68er für mich so etwas Ähnliches wie ältere Geschwister ...« Viel weiter kam ich allerdings nicht, denn das wurde von den Frauen auf dem Podium sofort als Lob verstanden, sie drehten sich zu mir um und sagten einstimmig: »Also dich nehmen wir sofort als kleinen Bruder!« Danach bekam ich kaum noch etwas mit, weil ich die ganze Zeit nur noch denken konnte: Verdammt, wie konntest du das sagen, das war ja viel zu nett! Doch raus kam ich aus der Nummer nicht mehr.

○○○

Kaum zurück am Schreibtisch, meldete sich der Fernsehsender »Arte« bei mir. Sie wollten einen Beitrag drehen über, man ahnt es nicht, die neue weibliche Sexualität, wie sie sich manifestierte in Büchern wie Charlotte Roches »Feuchtgebiete« oder Magazinen wie dem »Giddyheft«. Ob ich da mit einem Interview aushelfen könnte. Ich war direkt etwas peinlich berührt, wieso denn ich schon wieder, was qualifizierte mich denn diesmal?

»Na du bist doch DJ! DJs kennen sich mit allem aus! Und außerdem warst du mal bei der ›Spex‹ und schreibst ja selber Bücher.«

Das stimmte. Ich fand das als liberaler Zeitgenosse ja im Prinzip auch ganz okay, blätterte das alles auch gerne mal durch, wollte aber weder Advokat sein noch Kritiker und sah mich schon gar nicht als Experten. So wurde ich zum Analytiker, der sich natürlich trotzdem restlos verheddterte. Wenn mich meine Erinnerung nicht trügt, ging das ungefähr so:

»Na ja, in den normalen Sexheften werden ja in erster Linie Fantasien bedient, traumhafte Szenarien mit Überfrauen, die zuerst plastische Chirurgie hatten und dann noch mit Photoshop bearbeitet wurden. In den Jungsund Mädchenheften sind ganz normale Leute abgebildet, teilweise kenn ich die ja auch wirklich. Und natürlich will ich ihnen auch nicht das Zeugs zum Fantasiematerial absprechen. Aber es ist eben wie der Unterschied zwischen Traum und Realität oder so.«

Ich fühlte mich etwas unkomfortabel, als wenn ich mich öffentlich festlegen müsste, wie scharf ich die neue weibliche Pornografie denn nun tatsächlich fand. Irgendwie lavierte ich diplomatisch drum herum, ähnlich wie in meinen stets jugendfreien Büchern. Obwohl die Leute sich doch immer etwas anderes versprechen von Disko-

Literatur, und gelegentlich auch geliefert bekommen, was sich dann auch prompt zum Bestseller entwickelt. Das Suhlen im Schmutz, Drogensex auf Klubklos, was die Leute sich halt so vorstellen und wie es sich für manche Berghainis auch darstellen mag, wie es in meiner Disko-Realität aber allenfalls am Rande vorkommt.

Der nächste Antrag war jedoch weiß Gott weniger sündig. Das protestantische Magazin »Chrismon« plante einen Artikel zum ungewöhnlichen Thema »Schulweg« – wie es so war, als man sich, in meinem Fall als musikbesessener Jugendlicher, zur Schule bewegte. Was einem so durch den Kopf ging auf diesem Weg, der ja auch eine Metapher war für den Weg insgesamt, nicht wahr, den wir hienieden zu gehen hatten. Das war wohl in etwa die Idee. Ich entwarf dazu das hübsche Bild eines sich nach und nach bildenden Fahrrad-Rudels pubertierender Bodensee-Jungs mit Umsturz-Fantasien hinter der Stirn. Das fiel mir zugegebenermaßen leichter als der Erotik-Talk.

Bei all diesen auf mich einstürmenden Ablenkungen und abzugebenden Ansichten erschien es mir wie ein Zeichen, als mir der Swami schrieb. Er versprach mir 5000 Blessings, wenn ich ihn am Frankfurter Hauptbahnhof treffen könnte. Der Swami hatte sich darauf spezialisiert, Lebenshilfe-Tipps und Gesellschaftskritik in Form von kleinen Videofilmchen bereitzustellen, die man sich kostenlos im Internet ansehen konnte. Er war ein wirklich besonderer Swami. Sein vollständiger Name war Swami Durchananda, und seine Filme wurden immer auf der Homepage des Magazins »Titanic« gepostet. Deswegen kam ich am Frankfurter Hauptbahnhof auch nicht als ich selbst an, sondern als Karl Theodor zu Guttenberg, der sich nur als Hans Nieswandt *verkleidet* hatte.

»Very good Hans Nieswandt mask you are wearing«, bescheinigte mir der Swami, als wir uns in einem Asia-Imbiss niedergelassen hatten, kam dann aber sofort zur Sache:

»But! I'm not content with you! You promised me the Deutsche Bahn! And you gave it to that fucking Grube! I dislike it!«

Ich setzte an, mich zu rechtfertigen, aber wie wild fuchtelte der Swami mit den Armen:

»Nonononono, don't say anything! I saved you from the Polaks and this Erika Steinbach. And this other thing, I protected you from this Ypsilanti!«

»Aber Swami, das ist doch kein Problem. Wir müssen bescheiden sein. Mein Boss ist streng. Horst, du kennst Horst ...«, sagte ich beschwichtigend.

»Yes, yes, yes, this Seehofer, this fucking Bavarian thing ... and what is Merkel telling? Is that okay that I am really getting the Opel? I want Opel!«, krakeelte der Swami, dass seine Gesichtsbemalung fast zerfloss.

»Du kriegst Opel, wir behalten die Bahn«, konnte ich ihn beruhigen.

»Okay, okay ... and tell Seehofer, he should not eat such much Schweinshaxe ... okay, 5 Million blessings for you, bye bye.«

Puh, na das war ja gerade noch mal gut gegangen, eine weitere Krise entschärft, wieder mal konnte geholfen werden. Erleichtert kehrte ich zurück an meinen Schreibtisch. Ich fühlte mich etwas ausgelaugt von all

diesen Hilfsmissionen. Ein wenig Yoga würde mir gut-
tun.

Um das ewige Hin und Her zwischen Schreibtisch, DJ-
Pult und abstrusen Aufträgen aller Art mental und kör-
perlich aushalten zu können, übte ich nämlich schon seit
vielen Jahren Iyengar-Yoga. Eine meiner Mitschülerinnen
war Richterin, früher aber war sie Ballerina gewesen. Sie
ruhte sich vorzugsweise im Spagat aus, den Oberkörper
bequem auf dem Boden abgelegt. Praktisch nur Balletttänzer und Kunstturner können da mit den Frauen mithalten. Gerade aus Frankfurt zurück, noch etwas steif von
meiner Guttenberg-Rolle im Hund stehend, beschwerte
ich mich bei der Richterin.

»Das ist ja kein Wunder, dass dir das alles so leichtfällt!
Du warst ja auch mal ... Balletttänzerin!«

»Na und? Dann werd doch auch Balletttänzer!«, war
ihre freche Antwort.

»Sehr witzig! Ich bin über vierzig!«

»Na und? Meine Schwester hat eine Ballettschule, die
bietet auch Anfängerkurse für Erwachsene an.«

»Ach komm! Das würde ich doch niemals bringen!«

»Na klar! Das könntest du auf jeden Fall. Du bist
schlank, du bist nicht sooo ungelenkig – außerdem su-
chen die sowieso gerade noch einen Prinz für eine Aufführung nächstes Jahr.«

Das hätte sie nicht sagen sollen. Ich beneidete seriöse
Tänzer seit Jahren und bereute es, so viel Zeit im Sitzen
verplempert zu haben, beim Schreiben oder im Stehen,
beim Auflegen, aber da konnte man auch nicht wirklich
tanzen, es war meistens zu eng und die Plattenspieler zu
anfällig für Erschütterungen. Aber Tänzer waren selbst-

125

redend die natürlichen Verbündeten der DJs, stets waren sie aufeinander bezogen, arbeiteten füreinander, nur zog es den einen eben auf den Floor, den anderen in die Box, in der er innerlich mittanzte. Der haitianische New Yorker Brahms La Fortune, Architekt, Tänzer und Modellmensch, hatte mir das mal in Wien verklickert, als wir gemeinsam an einem Symposium zum Thema »Dance« teilnahmen. Er stammte noch aus der alten Paradise-Garage-Generation, jenem New Yorker Klub, in dem bis in die späten 80er-Jahre die Idee von Disko als Hochamt und Dancing als seriösem Ritual auf die Spitze getrieben worden war. Brahms dancte ständig, in der U-Bahn, in der Hotellobby, ob mit Musik oder ohne. Ich fragte ihn, wie das denn sein könne. Er erklärte es mir:

»Das kommt daher, dass ich eben ein Crazy Freak bin. Du bist anders – du bist ein Kool Freak. Du bist der unbewegte Beweger. Ich bin der bewegte Beweger.«

Nach dem Yoga war ich auf dem ganzen Heimweg von dem Gedanken bewegt, der Prinz zu sein. Was für eine Wahnsinnsidee! Kool und crazy gleichzeitig! I will dance! Gegen alle gesellschaftlichen Konventionen, *against all odds*, könnte ich doch durchaus eine Art mittvierziger, deutscher Billy Elliott werden. Wenn das mal keine Perspektive war! Vielleicht könnte das sogar das Thema meines nächsten Buchs sein – »Wie ich einmal Prinz war«, ein Traum, den bekanntlich jeder Kölner träumt ...

Nachdem ich mich ein paar Wochen mit der Idee getragen hatte, fuhr ich einfach hin, nach Nippes. Es war ein warmer Spätnachmittag, und ich tauchte extra ein bisschen früher in dem Studio auf, um sicherzustellen, dass hier auch kein Irrtum vorlag, und so vielleicht eine üble

Blamage zu vermeiden. Im kleinen Büro schilderte ich der Lehrerin meine körperliche Verfassung, meine Zweifel und Bedenken – aber nein, es schien alles okay, auch meine kurzen Hosen, ich sollte einfach mal ganz entspannt mitmachen und mir vorher bitte noch ein paar Socken anziehen, barfuß Ballett, also so ging das natürlich nicht.

Im Studio, einem typischen Tanzraum mit Spiegelwand und Festhaltestangen wie in »Flashdance«, waren inzwischen die anderen Teilnehmer des Anfängerkurses für Erwachsene erschienen – etwa zehn Mädchen zwischen 18 und 25 in Tütüs! Diese Möglichkeit hatte ich keine Sekunde bedacht, absurderweise war ich von lauter Typen wie mir ausgegangen. Im goldenen Licht der untergehenden Sonne, das durch die großen Fenster hereinschien, wirkte die Szene wie durch einen Weichzeichner gefilmt, träumerisch, fast wie bei »Zärtliche Cousinen«. Dazu ich auf Socken. Man hätte es sich nicht besser ausdenken können.

Am Anfang konnte ich locker mithalten. Wir saßen im Kreis auf dem Boden und dehnten uns. Danach mussten wir aufstehen, die Arme seitlich ausstrecken und uns zwanzigmal im Kreise drehen. Noch beim fünften Mal dachte ich: »Das ist ja kinderleicht.« Schon beim siebten Mal dachte ich: »Au weia. Ach du grüne Neune.« Ob ich das zehnte Mal noch schaffte, weiß ich nicht mehr. Ich ging in die Knie und mir war schwindlig wie zuletzt im Kindergarten. Dabei beobachtete ich die Elfen, wie sie ihre vorgeschriebenen Runden gleichmäßig zu Ende drehten und dann ganz ruhig atmend stehen blieben und auf die nächste Ansage warteten.

Die Lehrerin schickte uns nun an das, was ich Festhalte-stange nenne. Hier lief es wieder besser. Die Beine hoch-zuwuchten, auszustrecken und sich dann darüber zu beugen fiel mir nicht so schwer. Aber es mangelte mir an der Grazie, die ins Finish jeder Ballett-Figur gehört, das merkte ich ganz deutlich, auch an dem leisen Gekicher, das durch den Raum flog, wenn mich die Lehrerin er-mahnte, es nicht zu übertreiben in meiner ersten Stunde. Der Ballett-Unterricht nahm nun Fahrt auf, die Moves wurden immer verwegener und, wie soll ich sagen, bal-lettartiger, es war wie ein Strudel, der mich verschlang. Jetzt kam auch noch Musik dazu, Klavier-Petitessen vom Band. Wir übten all die verqueren Bein-Positionierun-gen, wie man sie unter den bekannten französischen Be-griffen kennt – plié, coup de pied und wie sie alle heißen. Hier ein Einknicken in den Knien, dann wieder das linke Bein gestreckt nach hinten, den rechten Arm nach oben – sehr verwirrend, wenn man das zum ersten Mal macht. Als würde man versuchen, bei einem Chor mitzusingen, bei dem man die Melodie nicht kennt – immer zwei Beats hinterher, und dann auch noch schief. Aber tapfer groov-te ich mich ein und fand mehr und mehr Spaß daran.

Für die nächste Übung verteilten wir uns so im Raum, dass wir uns im Spiegel sehen konnten – ich links hinten, damit ich nicht so auffiel. Sofort kam mein altes Problem aus Schülertagen zurück. Ich kriegte da hinten nur die Hälfte mit, weil ich so schlechte Augen habe. Eine ange-borene Augenmuskelschwäche, einen sogenannten Nys-tagmus. Vor Kurzem habe ich entdeckt, dass es sogar eine skandinavische Death Metal Band gibt, die so heißt und von der ich gerne ein T-Shirt hätte. Mehrmals sprach mich die Lehrerin direkt an und ich ignorierte sie einfach, weil mir nicht bewusst war, dass sie mich meinte. Das hat mir unter Leuten, die mich nicht gut kennen, schon den Ruf eingebracht, ein arroganter Sack zu sein. Dabei bin ich bloß blind.

Schließlich gaben wir unsere Positionen auf und fingen an, in großen Achten durch den Raum zu laufen, die Arme flogen mit, als wenn wir alle Schmetterlinge wären. Selten hatte ich mich zu Musik so intensiv bewegt, ohne mich wirklich im Takt der Musik zu bewegen. Wo zur Hölle war der Beat? Pliés ja, Grazie vielleicht später, und jetzt dieser wilde Renntanz – aber natürlich, diese fabelhaften Tänzer auf der Bühne brauchten ja den ganzen Raum, als Anlauf für ihre grandiosen Sprünge. Die würde ich jedoch zunächst nicht mehr machen. Bis zum Ende der Übungs-Einheit konnte ich meine Wadenzerrung noch verbergen, aber zu Hause verzog ich das Gesicht vor Schmerzen, als ich meiner stark belustigten Tochter noch mal demonstrierte, was ich soeben gelernt hatte.

Das war es auch schon mit meiner Karriere als Primaballerino, obwohl mich die Lehrerin extra noch mal anschrieb und ermutigte, weiterzumachen. Aber ich konnte es einfach nicht über mich bringen, diese Kapriolen ernsthaft jede Woche zu schlagen. Abgesehen von all den Tütüs um mich herum hätte ich auch das Geklimper auf die Dauer nicht ausgehalten. Solo-Piano ertrage ich fast nur von Thelonius Monk. Eine weitere großartige Karriere frühzeitig abhakend, trottete ich zurück an den Schreibtisch, ließ die Finger knacken, drückte das Rückgrat durch, legte die schlimme Wade hoch, spitzte den Bleistift und pustete Rauch über die Tastatur.

DJ Dennis In The Mix

Dudi Rutschke legte noch nach dem altmodischen, tridentinischen Ritus auf, wie er im Fürst Wurst immer wieder betont hatte – zwei Plattenspieler, ein Mischpult, sonst nichts. Kein Laptop, kein Scratchato, kein Crazy Pad, kein Joy Controller, nicht mal CDs. Ausschließlich Schallplatten, die er in einem Aluminium-Koffer mit sich herumtrug, der nicht nur so aussah wie ein alter Greyhound-Bus, sondern auch fast so groß war, und so schwer. Das Ungetüm stand genau an dem Platz, an dem DJ Dennis am frühen Abend beim Soundcheck seinen Laptop und sein Scratchato aufgebaut hatte.

Alles hatte supergeschmeidig geflutscht. Man musste nur die Plattenspieler an das Scratchato-Interface anschließen, das Interface an den Laptop. Und dann konnte man mit zwei sogenannten »Scratchies« seine Files abspielen, als wären sie direkt auf der Schallplatte drauf. Man hatte nichts mehr zu schleppen und all seine Musik immer dabei. Wie geil war das denn? Was konnte es Perfekteres geben?

Natürlich hatte Dennis nach dem Soundcheck alles wieder abgebaut, man konnte seinen Rechner ja nicht einfach in der Disko stehen lassen, außerdem hatte er gehofft, später noch seine Mails, seinen MySpace- und seinen Facebook-Account checken zu können. Und eventuell sogar noch was an seinem neuen Demo zu arbeiten, das er heute Abend im Klub testen wollte. Na gut, daraus war nichts mehr geworden, aber egal.

Dudi Rutschke schwitzte wie ein Schweinebraten, aber er wirkte glücklich und es lief gut für ihn, auch wenn Dennis den Sound inzwischen etwas zu housig fand, nicht elektronisch genug. Als Dudi ihn am Fuß der Leiter, die zur DJ-Box hochführte, stehen sah, tippte er sich erst an sein Käppi und reichte ihm dann die Hand, um Dennis zu sich in die Kanzel zu ziehen.

»Alles klar?«, fragte er, »Sag mir Bescheid, wenn du loslegen willst. Dass ich dann noch so zwei Platten spielen kann, um gut rauszukommen.«

»Yo, easy, Alter!«, rief Dennis gut gelaunt. »Ich muss eh noch das Scratchato anschließen. Sag mal, kannst du deine Kiste vielleicht da wegnehmen? Da kommt nämlich eigentlich der Computer hin.«

Dudi Rutschke schien das neu zu sein. Es dauerte einen Moment, bis er diese Ansage erfasst hatte. Dann brach es förmlich aus ihm heraus:

»Was? Ich hab schon vor zwölf Jahren hier in dem Klub gespielt, da hieß der noch ›Firehouse‹ und Beppo ging noch zur Schule! Und die Kiste hat immer schon dort gestanden. Das ist der Platz für die Plattenkiste, was denn sonst? Ich hab hier schon die süßesten Ravemädchen vergrault, die sich auf den Platz gesetzt hatten. Platten und Getränke, sonst gehört nichts dorthin, vielleicht noch ein Aschenbecher!«

Da konnte Dennis jetzt auch nichts machen, außer mit den Schultern zu zucken. Dudi sah ihn für sein Empfinden übertrieben ernst und bedeutsam in die Augen, packte seine Kiste von unten an, ungefähr wie ein Bierfass, und hob sie trotz ihrer Schwere ganz sachte und zärtlich auf den Boden, wie eine Babytrage, damit ja die Nadel nicht hüpfte.

»Das hab ich ja zum Glück hinter mir«, schmunzelte Dennis. Der Blick, den ihm Dudi jetzt zuwarf, war weniger gleichmütig.

»Das ist totaler Quatsch«, sagte der, wartete dann aber keine weitere Antwort ab, sondern ging in die Knie, um seine vorletzte Platte auszusuchen.

Dennis hatte auch keine passende Replik parat. »Warum?«, wollte er fragen, aber das kam ihm lächerlich vor. Also klappte er seinen Laptop auf, stöpselte das Scratchato ein und beugte sich dann vorsichtig hinter das Mischpult, um zu sehen, welcher Plattenspieler gerade lief, bzw. welchen er schon mal ausstecken könnte, um ihn mit dem Scratchato zu verbinden. Argwöhnisch wurde er dabei von Dudi Rutschke beäugt, der gebückt über die Plattenkiste es immer noch schaffte, von oben auf ihn herabzusehen.

Vorsichtig zog er an dem freien Cinchstecker, nichts bewegte sich. Er ruckelte ein bisschen fester, noch ein bisschen – jetzt machte der Stecker einen kleinen Satz, ebenso die Nadel der gerade laufenden Platte. Immerhin hatte er den blöden Stecker jetzt draußen, auch wenn ihn Dudi ansah, als hätte er ihm in die Kiste gekotzt. Schief lächelnd und nonchalant mit den Schultern zuckend bewegte sich Dennis zurück in Richtung Computer, als ihm von hinten jemand auf die Schultern tippte – es war die schöne Dalia! Er drehte sich grinsend um und wischte dabei die Nadel endgültig von der Platte, es skrietschte fürchterlich. Geistesgegenwärtig startete Dudi Rutschke den nächsten, seinen letzten Track, ein upliftendes Pianointro klimperte los, die Crowd jubelte – ein geiler Effekt, als wenn es so geplant gewesen wäre!

»Das war ja ein geiler Effekt! Als wenn es so geplant gewesen wäre!«

Dennis drehte sich zu Dudi um und hob die Hand zum Hi-Five. Dudi sah ihn nur wütend an und tippte sich mit dem Zeigefinger an die Stirn. Dann sagte er:

»Hier, kannst weitermachen mit deinem Scheiß.«

»Hey, vielleicht machen wir später noch ein bisschen Ping-Pong!«, schlug Dennis sorglos vor. Dudi schüttelte nur den Kopf und sprang wortlos von der Kanzel. Dalia und Dennis sahen ihm nach, zuckten mit den Schultern, dann sah Dennis, dass die Platte bald zu Ende sein würde. Er prostete Dalia noch mal zu, die sich neben den Computer auf den Platz setzte, wo in der Vergangenheit einmal Plattenkisten gestanden hatten, nahm dann eine seiner beiden Scratchies und legte sie auf den freien Turntable. Er fuhr sein Programm hoch, lud einen Track, aber der kam nicht bei ihm auf dem Kopfhörer an, wieso zur Hölle das denn? Er lud einen anderen Track – nichts. Da half nur ein Neustart. Er schaltete den Computer ab – im selben Moment ging die Musik im ganzen Laden aus. Ups, das hatte er für einen Moment ganz vergessen, dass man das ja nicht tun durfte. Die Leute johlten und jubelten trotzdem, wohl weil sie das für den nächsten geilen Effekt hielten. Er schaltete den Rechner wieder an, aber bis das Programm wieder lief, musste Musik her. Es blieb ihm nichts anderes übrig, als fürs Erste die letzte Rutschke-Platte einfach umzudrehen – sofort galoppierte ein wildgewordener Comicbeat los – offenbar lief diese Seite mit 33 1/3 Umdrehungen pro Minute und nicht mit 45, wie die andere. So ein Schwachsinn! Er verfluchte diese ganze blöden Platten. Wozu gabs den Scheiß überhaupt noch? Während sich die Platte, nun auf 33 korrekt gepitcht, als ziemlich untanzbare Experimental-Nummer entpuppte – der House-Remix war auf der anderen Seite –, gelang es Dennis immerhin, sein System korrekt zu starten. Er stoppte den Motor des laufenden Plattenspielers, ließ das Lied aber ausrollen, sodass der Sopran der Sängerin langsam zu einem tiefen Zeitlupenbass wurde, bis er endlich ganz erstarb. Dann endlich legte Dennis los, mit einem richtigen Hammer: Es war nichts anderes als sein neues Demo!

○○○

Kaum wieder zu Hause, klingelte Dennis' Telefon. Beppo wollte ihn direkt noch mal buchen, für nächsten Monat, ein Samstag, er sollte im »Loft« headlinen – 500 Euro, das wurde ja immer besser.

»Was soll ich auf den Flyer hinter DJ Dennis schreiben?«, fragte Beppo.

»Pass auf, Beppo, es ist so: Ich nenne mich jetzt nicht mehr DJ Dennis. Mein neuer DJ-Name ist DJ Dionysos. Da kommt der Name Dennis nämlich her. Und der Witz daran ist: Dionysos ist praktisch der Schutzheilige der DJs, der DJ-Gott!«

»Ja Wahnsinn. Echt jetzt?«

»Na klar! Frag Dalia, der hab ich das alle schon verklickert!«

»Wow! Lass uns daraus ein fettes Ding machen! Wir bauen dir ne Deko! Bringst du deine Freundin wieder mit?«

»Wohl kaum.«

Mit Gundel war es aus. Mit fliegenden Fahnen war sie zu Josh übergelaufen und wollte mit diesem demnächst bei Rock am Ring campieren. Oder war es Gießen, wo sie hinwollten, zu einem Mittelalter-Festival? Dennis war es egal. Er hatte Größeres im Sinn. Als Erstes würde er sich die Haare schneiden und den Bart wachsen lassen. Dann würde er Dalia anrufen. Vielleicht sollte er sie früher anrufen, sein Bartwuchs war ziemlich langsam und lückenhaft. Seit der Nacht im »Wehrhaus« musste er immer wieder an sie denken. Dalia hatte ihn total ermutigt, die-

ses DJ-Dionysos-Ding durchzuziehen. Hatte er sie zu sehr voll-
gelabert? Aber andererseits musste man seinem inneren Ruf ja
folgen, und er hatte ihn laut und klar gehört.

Die heilige Boombox

Der Gedanke hatte mich umgehauen. Unter diesen Umständen würde DJ Dionysos auf seinen nächsten Einsatz noch eine Weile warten müssen. Wie sollte man sich auf die »Blechtrommel« des Boogie Beats konzentrieren, wenn man solche abenteuerlichen Aktionen absolvieren musste?

Es war eines der bedeutsamsten Transportunterfangen, seit die Argonauten das Goldene Vlies von Kolchis nach Iolkos gebracht hatten: An einem späten Montagabend Ende März bestiegen wir, drei deutsche und drei russische DJs, in Moskau die Transsibirische Eisenbahn, um in einer Art heiligem, symbolhaftem Akt eine sogenannte Boombox nach Nowosibirsk zu bringen, einen Ghettoblaster, wie man die Geräte auch nannte. Dort hatte gerade ein neues Goethe-Institut eröffnet, und die Vorstellung, dass dieses Institut ohne Boombox an den Start gehen sollte, machte uns Sorgen – da kann man ja eher auf die Kaffeemaschine verzichten. Wir betrachteten es als unsere Pflicht, an diesem Zustand etwas zu ändern.

Außerdem brauchten wir das Ding als Abhöre im Zug. Wir wollten nämlich auch da schon zusammen Musik machen, Tracks on the Tracks gewissermaßen. Und weil wir uns mit der Stromversorgung in den Waggons nicht so sicher waren, hatte Matias Aguayo die Boombox vorgeschlagen. Die Teile liefen mit Batterien, hatten Line-Anschlüsse und machten guten Schalldruck. Er hatte das auf den Straßen von Buenos Aires schon mehrmals erfolgreich getestet.

Man hatte mich schon wieder um Hilfe gebeten, dieses Mal sollte ich für das große, deutsche Kulturfestival Sibstancija, das die Eröffnung der neuen Goethe-Filiale begleitete, einige progressive DJ-Inhalte beisteuern. Nicht bloß profane Auftritte, lieber ein richtiges, elektronisches Kulturaustauschprojekt. Und zwar wenn möglich irgendwie in Zusammenhang mit dem Thema Bahnhof. Denn Nowosibirsk existiert einzig und allein aus dem Grund, dass an dieser Stelle eine Brücke über den Fluss Ob gebaut werden musste, für die Trasse der Transsib. Zehntausend Arbeiter waren dafür nötig gewesen, und prompt war eine ganze Stadt entstanden, mit Bahnhof, Bordell und Beerdigungsinstitut, nehme ich an, das war vor gut hundert Jahren.

Für mich gab es da nicht viel nachzudenken: »He, wir fahren mit dem Zug«, schlug ich vor, einen alten Hit von Veronika Fischer zitierend. Mit der Transsib durch die Taiga, das war schon der Kindheitstraum meines Vaters gewesen. Weniger meines Opas, der neben mir aber als einziges Familienmitglied Gelegenheit gehabt hatte, Sibirien persönlich zu besuchen, wenn auch nicht als Plattenaufleger die Diskos, sondern als Kriegsgefangener die Gulags. Da hat sich die Welt doch ein ordentliches Stück weitergedreht seit damals ...

Und auch sonst: Mit den modernen Computern und

Programmen hat heutzutage jeder jederzeit ein professionelles Musikstudio mit allem Schnickschnack im Rucksack. Trackbasteln im Zug macht Spaß und funktioniert bestens. Gemeinsames Musikmachen allerdings braucht besondere Umstände. Im ICE geht das nicht. In der Transsib würden wir dagegen perfekt untergebracht sein, in zwei nebeneinanderliegenden Viererabteilen, jeweils mit nur drei Personen belegt: in Nummer 5 Evgeny Gavrilov, Roman Rosic und Sasha Butzinov, in Nummer 6 Matias Aguayo, Marcus Rossknecht und ich. Wir drei aus der 6 kannten uns natürlich, ich hatte die beiden ja vorgeschlagen. Die russische Delegation war von Julia Hanske zusammengestellt worden, der Leiterin des Nowosibirsker Instituts, die in ihrer Erfurter Jugend aber selbst mit Techno in Berührung gekommen war und eine gute Wahl getroffen hatte. Außerdem mit an Bord waren die beiden Kölner Filmemacher Henning Drechsler und Tobias Linsel, die die gesamte Aktion filmisch dokumentieren wollten. Trotz meiner schlechten Erfahrungen im Filmgeschäft war ich entspannt: Von mir aus könnten sie mich ruhig rausschneiden.

Unmittelbar vor der Abfahrt trafen wir die drei russischen Genossen erstmals in echt, wir hatten uns allerdings im Vorfeld schon in einer fortlaufenden E-Mail-Konferenz verständigt. Deshalb pilgerten wir nun wie vereinbart, als erste gemeinsame und ja auch irgendwie heilige Handlung, noch schnell zum Bahnhofskiosk. Dort wurden nach einer bedächtig geführten, aber dennoch kontroversen Diskussion innerhalb der russischen Delegation zuerst drei, dann doch lieber vier verschiedene Flaschen Wodka eingekauft. So stiegen wir ein.

Beim Schaffner fielen wir sofort in Ungnade. Als ich mit meinem Ungetüm von Plattenkiste in den Waggon rollte, rollte ich auch gleich den Läufer mit auf, der sich durch den puppenstubenhaften Gang zog. Hinterher polterte der Rest der Posse und enterte umständlich die putzigen Abteile. Wenig später war alles verstaut, jedes Feature besichtigt, und wir trafen uns bei den Russen, um die Boombox zu testen und als ersten Akt der Völkerverständigung gemeinsam eine Kleinigkeit zu trinken.

Kaum hatten wir uns warmgeredet, klopfte auch schon der Schaffner und ermahnte uns zur Ruhe. Dabei hatten wir nur etwas lauter gesprochen, weil wir von der fabelhaften Boombox so entzückt waren und sie ja übertönen mussten, damit man sich noch verstehen konnte bei dem von Aguayo aus Mexico angeschleppten Cumbia-Radau, der merkwürdigerweise zum Soundtrack unserer Fahrt nach Sibirien wurde. Der Schaffner mochte weder lateinamerikanische Rhythmen noch Typen wie uns. »Roboter« nannten ihn die Genossen. Am Ende sollte er uns sogar des Diebstahls bezichtigen, und zwar eines zugegebenermaßen sehr hübschen, gravierten Teelöffels sowie eines potthässlichen Geschirrtuchs.

Am Morgen nach der Wodkanacht – es war eine weise Entscheidung gewesen, die vierte Flasche doch noch zu kaufen – erwachte ich in meiner Koje vom Klimpern der Teetassen und Softkey-Tasten der sogenannten »Maschine«, eines brandneuen Hardware Controllers, den Rossknecht mitgebracht hatte. Die Jungs waren schon voll am »Schaffen im Zug«, genau wie es im Goethe-Projektplan formuliert und vorgesehen war, während ich im Wachkoma lauschte und aus dem Fenster sah. »Chat zu viel gesofen«, gingen mir die weisen Worte meines russischen Fahrers aus der Warsteiner Welt durch den Kopf.

Die Landschaft, durch die der Zug gemütlich rumpelte, bestand aus Birken und Schnee, Schnee und Birken, Birken, Schnee, dann ein bisschen mehr Schnee, dann wieder ein paar Birken, dann verschneite Steppen und ab und zu ein kleines Dörfchen aus Holzhäusern, vermutlich Birke. Das Ganze in einem milden, etwas fahlen Sonnenlicht – ein Bild, das sich wie Balsam auf die verquollene Netzhaut legte. Man konnte stundenlang in die Landschaft starren, wie in Trance, was die meisten anderen Passagiere auch taten. Das ist der eigentliche Reiz einer solchen Fahrt.

Da der Chef der Mission erst spät am Tag Einsatzfreude zeigte, hatten die Jungs die Studiosituation bereits komplett durchorganisiert. Studio 5 war für Live-Aufnahmen reserviert, in denen die Inspirationen des Vorabends nun fixiert wurden. Unter anderem hatten wir uns gleich zu Beginn mit unserem peinlichen »Nastrovje« blamiert. Niemand in Russland würde das sagen, so die Genossen. Ja was denn dann, fragten wir. Na das, was Gagarin gesagt hatte, seine letzten Worte, bevor er ins All geschossen wurde: poehali, ab geht das! Für den daraus gestrickten, hypnotischen Chant einigte man sich mit Studio 6, wo an Beats gebastelt wurde, auf entspannte 120 Schläge pro Minute – eine ideale Geschwindigkeit fürs Schaffen im Zug, da schafft man stundenlang.

Zeit und Raum begannen sich aufzulösen, unsere inneren Uhren liefen zunehmend asynchron, die am Ende fünfstündige Zeitumstellung tat das ihre. Irgendeiner schlief immer, irgendeiner programmierte immer und immer aß jemand gerade Kekse, Kaviar oder Borschtsch. Die Schaff- und Schlafphasen pendelten sich auf einen Zwei-Stunden-Rhythmus ein. Nachts hielt man unvermittelt an geschichtsträchtigen Orten wie Jekaterinenburg, und wer wach war, stieg hinaus in die bitterkalte Nacht, um stolze stalinistische Bahnhöfe, in dekorative Dampfschwaden gehüllt, zu bestaunen. Nach ein paar tausend Kilometern begann unsere Schaffenskraft allerdings ein wenig zu erlahmen. Wir beschlossen, uns und unsere zwei bereits sehr aussagekräftigen Demos »Poehali« und »Wir fahren mit der Eisenbahn, Boombox und Instrumente« bis auf Weiteres ruhen zu lassen, damit sie zu gegebener Zeit jeder noch mal für sich remixen könnte. Gut im eigenen Saft mariniert, obwohl wir so noch wochenlang hätten weitermachen können, erreichten wir schließlich Nowosibirsk.

Dort erwies es sich als weitaus wärmer als erwartet. Die angstvoll eingepackten langen Unterhosen konnten wir stecken lassen. Bei fünf Grad plus schmolzen die überall zusammengeschobenen, riesigen, schmutzigen Schneeberge in rasantem Tempo und strömten in Schlammflüssen die Straßen hinunter. Jedes Auto hatte deshalb exakt dieselbe Farbe, ein helles Beige-Grau, mit Aussparungen, wo die Scheibenwischer die Sicht freigewischt hatten. Das Stadtbild war ein cooler Stilmix aus viel Stalinismus, etwas Dubai, ein paar Hutzliputzli-Holzhäuschen aus der Gründungszeit und, eher am Rande des Zentrums, jeder Menge abgerockter 60er-Jahre-Platte. Eine dieser Wohnungen konnten wir auch besichtigen – ein lokaler

Künstler lud uns an unserem einzigen freien Abend zu einer Plaff-Party ein, einer Art russischen Paella, bei der wir in der Tat schön einen wegplafften, unter anderem mit zwei supernetten Hooligans vom FC Sibir Nowosibirsk.

Aber auch wir setzten eigene kulturelle Akzente. Stolz dürfen wir auf die Einführung eines neuartigen nationalen Stereotyps verweisen: Die sogenannte »German Unpünktlichkeit« trieb unsere so charmante wie strenge Leibgarde bisweilen schier zur Verzweiflung, wenn wir den Soundcheck-Beginn auch nur um fünf Minuten zu verpassen drohten. Die später folgenden Auftritte liefen alle großartig, sowohl on stage wie auch off stage. Bis in die Toilette hinein wurde man bequasselt, von quirligen Jungs, die alle selber Techno machten und unbedingt wissen wollten, welche Drogen derzeit in Deutschland das höchste Ansehen genossen. Wir nennen es Wodka, gab ich Auskunft. Man trinkt es.

Vor dem letzten Gig im großen, treffend getauften Klub »Rock City« überreichten wir Frau Goethe backstage schließlich die heilige Boombox, begleitet von diversen Wünschen, Segnungen und vor allem Toasts: Möge der Rhythmus mit euch sein, im Namen des Beat, des Break und der Bassline, poehali, etc. Parallel dazu dehnten sich schon die hier üblichen Go-go-Girls. Minuten später würden sie mit ihrem dummen Hüpfen auch die Nadel zum Hüpfen bringen. Zur Feier des Tages und weil ich nichts anderes beherrsche, hatte man auch hier, wie schon in Hanoi, seit Langem mal wieder die Plattenspieler ausgepackt und diese auf die große Bühne des »Rock City« platziert. Doch alles ward gut: Man fand Kissen für unter die Teller, und am Ende tanzten Matias und ich die ravenden Nymphen beinahe von der Bühne, weil wir sie schon fast vergessen hatten.

Auf dem Discolymp

Dennis sah sich quasi göttlich. Am Eingang des Klubs hing der Flyer zur Party als Plakat: er mit Efeu und Toga, sein Gesicht hineinmontiert in den Körper von vermutlich Charlton Heston, vor ihm ein Laptop und zwei Decks, alles so von unten herauf betrachtet und bestrahlt, damit es heroischer wirkte. Darüber stand in steinerner Monumentalfilmschrift »Auf dem Diskolymp mit DJ Dionysos (ehem. DJ Dennis)«. So sah das irgendwie blöd aus mit seinem alten DJ-Namen dahinter, dachte er noch, und auch, auf was er sich da bloß eingelassen hatte, aber da war er auch schon hineingesaugt worden in den langen Schlauch, der hinunterführte in die weitläufigen Katakomben, die in den Berg hineingeschlagen worden waren und die den »Loft«-Klub darstellten. Seltsam, warum hatten sie den Laden wohl »Loft« getauft? Waren Lofts nicht eigentlich Fabriketagen? Was solls. Als er die DJ-Kanzel betrat, begrüßte ihn der Resident-DJ Johnny Deep, auch in Toga, wie schon die Türsteher, er schien freudig, aber verwundert:

»Aber du bist ja ganz normal angezogen, Mann, äh, Dionysos.«

Das fand Dennis eigentlich nicht. Sein enges, weißes T-Shirt hatte einen Silberprint mit einer Profilansicht von Julius Cäsar, immerhin mit Lorbeerkranz, gut, kein Efeu, aber so genau musste man das alles ja nun auch wieder nicht nehmen, dachte er.

Seine Haare waren ebenfalls römisch geschnitten, sogar griechisch-römisch, wie er fand, das hatte ihm auch sein türkischer Friseur bestätigt.

»Wieso, was dachtest du denn?«, fragte Dennis erstaunt.

»Um ehrlich zu sein, einen Lendenschurz hätte ich schon erwartet, oder so ein schickes Röckchen, so eine Art Tütü für Männer, dachte ich mir«, grinste Deep.

»Du checkst es ja voll nicht«, schnaubte Dennis, »das ist doch keine Kostümshow, da geht es doch um etwas viel Deeperes, äh, Deep.«

Die DJ-Box war üppig dekoriert mit Weintrauben. Weintrauben in Kelchen, die um das Pult herumstanden, Weintrauben in Büscheln, die von oben herabhingen. Man hatte sich mächtig Mühe gegeben, um das Dionysische auch optisch widerzuspiegeln.

Magere Mädchen in Hotpants und transparenten, toga-artigen Tops tanzten auf ein paar Podesten zu seiner Linken und seiner Rechten und zwinkerten ihm aufmunternd zu, es waren die »ravenden Nymphen«, die Beppo, der Beppster, ganz oben auf die Liste der Party-Accessoires geschrieben hatte. Beppo kam jetzt auch zu ihnen in die Box und präsentierte fröhlich einen, wie er sagte, güldenen Lorbeerkranz. Dennis musste ihn sofort aufprobieren, Johnny Deep und Beppo waren begeistert und machten Handyfotos. Die Bilder waren der Hammer, wie Dennis zugeben musste. Dieser Haarschnitt, diese goldblonden Haare mit dem güldenen Kranz, dazu der Vollbart – Hammer. Mit einer eher aus Thailand bekannten Geste, nämlich mit vor der Brust aneinandergelegten Handflächen, verbeugten sich Beppo und Johnny vor ihm, und er übernahm. Dankenswerterweise spielte auch Deep mit Scratchato, sodass Dennis eine erneute friemelige und riskante Verkabelungsaktion erspart geblieben war und er einfach nur einen USB-Stick mit seiner Musik hatte mitbringen müssen, den er als Amulett um den Hals trug. Dudi in Ehren, aber so war das alles doch viel moderner und zeitgemäßer. Er setzte den Kopfhörer auf das linke Ohr, wodurch der Kranz sofort rechts hochrutschte, was möglicherweise nicht mehr ganz so edel aussah, aber da war jetzt nichts zu machen, da musste er durch. Oder nein – er legte sich den Kranz einfach um den Hals, wie sonst den Kopfhörer. Sofort quittierten das ein paar Tänzer mit begeisterten Rufen wie »Geilenkirchen!« oder »Genau!«. Dennis winkte ihnen huldvoll zu, wie ein Gott das eben so macht, und stürzte sich dann in sein Set.

Bald tanzten sie ihn alle frontal an. Muskeljungs in ihren engen Jeans, die Drag Queens, die Freaks, die Irren. Die ebenfalls immer wilder werdenden ravenden Nymphen warfen jetzt Schallplatten in die Menge, wie Diskuswerferinnen, zumindest vom Gestus her. Die meisten Platten fielen einfach unbeachtet auf den Boden und wurden niedergetanzt, manche wurden aufgefangen und als Fächer benutzt, ein paar Jungs fanden die Diskusidee gut, hoben sie wieder auf und schleuderten sie weiter, damit die Togamädchen sehen konnten, wie richtige Athleten werfen.

Dennis hatte sich lange über seinen Laptop gebeugt, um den nächsten Track vorzubereiten – sein eigener Edit von Richie Hawtins berühmtem »Spastik«, der würde hier gleich alle umhauen. Als er sich wieder aufrichtete, um sich seinen Jüngern zu zeigen, sah er gerade noch, wie eine rasend rotierende schwarze Scheibe auf ihn zuschoss, dann traf sie ihn frontal an der Nasenwurzel. Er schaute erstaunt auf, fühlte etwas an seiner Nase hinunterlaufen, Blut tropfte auf die Tastatur, dann wurde ihm schwarz vor Augen und er fiel vornüber, nicht ohne das Mischpult und den Laptop mit in den Abgrund zu reißen ...

Obwohl das Pflaster über seiner Nase sich optisch irgendwie ganz gut machte, schmerzte es ihn. Weniger der gar nicht so kleine Cut, den eine stark beschleunigte Schallplatte, ausgerechnet eine alte Compilation namens »Disco Rocket«, dort angerichtet hatte. Vielmehr die Tatsache, dass der Beppster sich außerstande gesehen hatte, ihn nach dieser blutigen Einlage zu bezahlen. Dennis hatte nämlich insgesamt nur zwei Tracks gespielt, vor dem Hawtin-Edit nur noch das eigens von ihm produzierte Dionysos-Intro, mit ziemlich geil gefilterten Bouzouki-Sounds und einer grollend heruntergepitchten Männerstimme, die mit deutlichem deutschen Akzent Dinge sagte wie:

»The time has come now ... for DJ Dionysos. Dionysos, bringer of joy, bringer of peace, bringer of cotton ...« Irgendwie hatte er die Baumwollfelder, von denen Dudi gesprochen hatte, unbedingt mit seiner neuen Identität als Diskogott zusammenbringen wollen. Das war ihm im Wehrhaus noch äußerst plausibel erschienen.

Nach der folgenden Zeile: »... and bringer of deep, deep beats« hätte es dann eigentlich stundenlang voll abgehen sollen, aber durch sein K. o. schon während des zweiten Tracks war die Stimmung rapide in den Keller gegangen. Johnny Deeps Laptop war nicht mehr zu gebrauchen, an Auflegen nicht mehr zu denken, Sanitäter kamen, es war ein Riesenreinfall. Wenn wenigstens einer Platten dabeigehabt hätte, dann hätte man improvisieren können! Und dann die Unkosten, so Beppo, allein für 200 Euro Weintrauben!

Dennis drehte den güldenen Lorbeerkranz nachdenklich zwischen seinen Fingern hin und her. Er war deprimiert. Er steckte knietief in den so typischen, so höllischen DJ-Depressionen, die sich die meisten normalen Menschen nicht mal vorstellen konnten. Bei irgendjemandem musste er sich beschweren. Am besten er rief mal Dalia an, die hatte ihn in diese ganze Nummer schließlich irgendwie reingezogen. Er musste es lange klingeln lassen, bis sie endlich dranging. Ihre Stimme klang müde.

»Jaaa?«

»Hallo Dalia. Naaa, wie geht's?«

»Ich habe Kopfschmerzen.« Sie musste es am Timbre seiner Stimme erkannt haben, da schwang wohl etwas mit, was Unangenehmes verhieß. Oder Beppo hatte ihr schon alles erzählt.

»Ich auch. Ich bin aus dem Loft zurück. Das war ja so ein Desaster. Die haben mich nicht bezahlt. Hättest du mir das bloß nicht eingebrockt!«

»Iiich? Das ist ja totaler Bullshit! So eine Unverschämtheit! Wie kannst du mir so etwas vorwerfen!«

»Du hast doch das Wehrhaus-Booking klargemacht! So kam eins zum anderen. Und dann hast du dich kaum noch um mich gekümmert.«

»Das ist ja so was von das Letzte! Ich habe mich aufgeopfert für dich!«

»Moment mal, ich bin der, der im Loft seinen Kopf hingehalten hat, im wahrsten Sinne des Wortes, und plötzlich bin ich derjenige ...«

»Jetzt lenk doch nicht vom Thema ab! Darum geht es doch gar nicht! Darüber haben wir doch gar nicht geredet!«

Dennis kreiste der Hut. Was war denn gleich noch mal das Thema? Er hatte sich beschweren wollen, und plötzlich war er der Angeklagte.

»Das ist doch nicht meine Schuld! Ich habe doch nur ...«

»Schuld! Schuld! Was hat denn das mit Schuld zu tun! Hast du einen Schuldkomplex? Dann geh lieber zum Therapeuten und lass es nicht an mir aus. Das ist ja echt das Allerletzte. Und ich setze mich so für dich ein. Ich bin echt total von dir enttäuscht!«

Dennis war bis auf die Knochen perplex.

»Es tut mir leid. Ich wollte das nicht. Ich melde mich später, ja?«, konnte er noch stammeln. Dann legte er auf und atmete tief durch, im Bewusstsein, soeben einer ungeheuren Macht begegnet zu sein, einer Macht, der er nichts entgegensetzen konnte. Es war, wie von Muhammad Ali zuerst ausgetanzt und dann niedergestreckt zu werden, nur um sich hinterher dann noch bei ihm zu entschuldigen, dass man ihn überhaupt herausgefordert hatte. Einfach unfassbar. Er musste sich etwas hinlegen. Dalias Worte dröhnten in Dennis' Ohren wie tausend Vuvuzelas.

Ebony and Irony

Der Taxifahrer trug eine Afroperücke in Regenbogen-
farben, neben ihm auf dem Beifahrersitz lag die Vuvuzela, mit der er gerade lautstark seine Ankunft gemeldet
hatte. Wer hätte geahnt, dass Krusty der Clown uns abholen würde? Wieso saß ich schon wieder nicht an meinem Schreibtisch, um endlich Dennis' seelische und körperliche Wunden heilen zu lassen und ihn zügig seinem
vorbestimmten Schicksal zuzuführen? War ich nicht gerade erst lange genug in Sibirien gewesen? Was war das
denn hier schon wieder?

Weil Eric sich vorne neben den Fahrer setzte, legte der
das schmucke Instrument nun auf seinen Schoß. Dann
warf er einen interessierten Blick in die Runde, auf mich,
auf Justus, der neben mir auf der Rückbank Platz genommen hatte, dann wieder auf Eric, keckerte seltsam in sich
hinein und fragte uns schließlich grinsend und gedehnt:

»Okay, where u wanna go maan?«

Wir wollten eigentlich nur noch nach Hause, direkt
um die Ecke, in unser derzeitiges Domizil »Room With
A View – A Hundred Angels«. Das hieß wirklich so, und
es sah auch tatsächlich so aus: ein kleines Romantik-
Holiday-Resort am Berghang, mit mehreren auf dem

Gelände verteilten neo-mediterranen Türmchen, darin niedliche Zimmerchen in einem gemäßigten, mädchenhaften Kolonialstil. Auf dem Flur hing als Dekoration der riesige ausgestopfte Kopf einer Antilope, die Betreiber waren burischer Herkunft. Eric und ich hatten sogar schon die Zinnen bestiegen, wo die hundert Engel mit nacktem Po auf Marmorkugeln saßen, während wir rauchten, redeten und unsere Blicke über das Panorama von Johannesburg schweifen ließen. Von hier oben war alles recht angenehm. Fern und nah trötete es immerfort. Es waren noch zwei Tage bis zum Eröffnungsspiel der Fußballweltmeisterschaft, der allersten auf afrikanischem Boden, wie unentwegt in allen Medien erwähnt wurde.

Whirlpool Productions, unser Musikprojekt aus den 90er-Jahren, war extra für dieses Ereignis eingeflogen worden. Schon daran konnte man erkennen, was für eine eminente Bedeutung das alles hatte. Whirlpool Productions hatten lange auf Eis gelegen, ein Angebot im Sommer 2009 für das Berlin Festival auf dem Flughafen Tempelhof hatte uns dazu bewogen, uns mal wieder öfter auf einer Bühne zu treffen und gemeinsam Musik zu machen, Jam-Session-mäßig, im Sound-System-Style. Aber nur bei besonderen Anlässen einsatzbereit, und welcher Anlass hätte besonderer sein können als die Eröffnung einer Fußballweltmeisterschaft?

Mittags erst hatten wir eingecheckt, in das Guest House voller Flair. Eric hatte direkt angekündigt, die nächsten drei Tage auschließlich dort verbringen zu wollen, er könne aber für unsere zwei Shows abgeholt werden. Es war sein erster Besuch in Afrika, und schon während

153

des Flugs hatte er ein wenig angespannt gewirkt. Das hatte sich inzwischen gelegt, schließlich saß er ja hier mit uns im Taxi, es war schon wieder spät genug in der Nacht und wir hatten am nächsten Tag einen wichtigen Auftritt, im raueren Stadtteil Newton, nicht hier im moderaten Melville, wo wir uns jetzt, nach einer üppigen Portion Chicken Piri Piri und einigen Gläsern Sauvignon Blanc, wirklich gerne so bald wie möglich in unsere Himmelbetten unter die Decken verkrochen hätten.

Der Taximaan aber fuhr für unser Empfinden nun schon seit geraumer Zeit in die völlig falsche Richtung.

»Where is he taking us?«, fragte Justus, als wenn der Fahrer selbst ein abgedrehter DJ wäre. Unsere Stimmung changierte zwischen paranoid und provokant.

»Take your wig off so your brain gets some air, man!«, motzte Eric und musste bei diesem Spruch selbst lachen. Als wenn er damit tatsächlich die Erleuchtung bewirkt hätte, fanden wir uns aber kurze Zeit später wirklich auf dem richtigen Weg wieder. Dort hinten noch um den Kreisverkehr, dann den Steilhang hoch, kurz rechts, und wir hatten unser Ziel erreicht. Vor lauter Erleichterung setzten wir Krusty, der inzwischen wieder unser Freund geworden war, auf die Gästeliste für unsere Show am nächsten Abend. Schade, dass er nicht kam. Er hat etwas verpasst, wie die meisten anderen Johannesburger auch, um das schon mal vorwegzunehmen ...

Der nächste Tag war sonnig, und gegen Mittag wurde es auch endlich ein bisschen wärmer. Die erste Nacht in Johannesburg war übelst kalt gewesen für Anfang Juni, aber es war dort jetzt ja auch Winter, was uns im Prinzip vor dem Abflug durchaus bewusst gewesen, indes von niemandem ernst genug genommen worden war.

Zum Glück hatten wir in der letzten Nacht alle ein paar Ohrwärmer geschenkt bekommen, im »Ritual«, einem großartigen Hip-Hop-Platten- und Klamottenladen mitsamt einem winzigen Musikstudio. Eric hatte dort vor einem kleinen, aber feinen Kreise örtlicher DJs und Produzenten über seine Sichtweise zeitlos-moderner Musikproduktionskunst referiert. Das hatte sich naturgemäß, anhand von Thesen wie »The only rule is: there is no rule«, zu einer interessanten philosophischen Diskussion ausgewachsen, auch wenn uns sofort klar wurde, dass man den Afrikanern nichts, aber auch gar nichts über Beat Making und Rhythm Construction erzählen musste.

Leider wurden Justus und ich aber irgendwann aus dieser Runde abgerufen. Denn direkt nebenan befand sich auch der zu dem Shop gehörige Klub »Original Soundtrack«, den wir am nächsten Abend gemeinsam mit dem lokalen DJ Mbuso und seiner Crew rocken sollten, er im Soweto-Style, wir eben in unserem eigenem, schwerer zu verortenden. Im ersten Stock des überaus angenehmen, unbehauenen Underground Space, einem Wellblech-Haus direkt neben einer gigantischen Highwaybridge mit ebenso gigantischen wie großartigen Graffitis, gleich gegenüber der »Mad Max Garage«, diskutierten ihrerseits bereits Meike und Dan, wenn auch nicht so philosophisch. Bei ihnen ging es mehr um praktische Dinge.

Meike war die Hauptverantwortliche für alles, das muss man ganz klar sagen, es war ihr Vorschlag gewesen, uns einzuladen. Als Berliner taz-Redakteurin und Kultur-journalistin hatte das Goethe-Institut sie beauftragt, im Rahmen der Aktion »Football meets Culture« ein paar elektronische Programmpunkte beizusteuern und vor Ort zu betreuen. Ein paar Tage nach uns waren z. B. die Gebrüder Teichmann dran, die ihre eigene Geschichte zu erzählen haben werden.

Dan war der bebrillte, bärtige und beleibte Tonmann, ein langhaariger Hippie, mit allen Wassern gewaschen, der uns, nachdem er sich mit uns angefreundet hatte, was einige Zeit dauerte, für den nächsten Abend viel-deutig eine Verkostung lokaler Gewächse in Aussicht stellte.

Erstmal aber ging es ihm um den korrekten Aufbau des Sound Systems, einer Aufgabe, der Dan mit Leidenschaft und Seriösität, also einer perfekten Mischung, nachzu-kommen gedachte. Entsprechend türmten sich Fragen auf, die Meike kaum eigenmächtig beantworten konnte, schließlich betrafen sie uns, die wir unsererseits drei unterschiedliche Ansichten haben mochten. Es war kom-pliziert, der Space war vertrackt, mit mehreren Ebenen und diversen Durchbrüchen, fast wie ein afrikanisches Escherhaus. Doch nach einigen Verhandlungen fanden wir eine perfekte Lösung, die der nebenan unterdessen unentwegt weiterdebattierende Eric am nächsten Abend umgehend über den Haufen werfen würde ...

Am sonnigen Nachmittag vor unserem Auftritt mar-schierten Eric und ich schon zum zweiten Mal seit unse-rer Ankunft zum Melville Café, unserem favorite chicken place in town. Der war genau richtig, der hatte Pep, wir kamen dort unseren jamaikanischen Jerk-Chicken-Erfahrungen verdammt nahe – und das waren die besten, die wir jemals hatten. Ähnlich wie in Jamaika erschien mir Eric in Südafrika bisweilen von gemischten Gefühlen über seine Umgebung erfüllt. In unserem »Room With A View – A Thousand Angels« hätte man sich vorstellen können, er wäre der erste Schwarze, der dort als Gast erschienen war, und nicht als Arbeitskraft. Ich meine, vielleicht war es wirklich so, wer weiß? Die Betreiber waren nette Buren, nehme ich mal an, jedenfalls sprachen sie Afrikaans, sobald Eric in der Nähe war, wie er mir auf den Zinnen erzählt hatte.

Dass das Land auch 16 Jahre nach dem Ende der Apartheid noch auf der Suche nach der richtigen Balance war, hatten wir schon bei der Ankunft gespürt. Nachdem wir uns aus dem euphorisierten Meer der argentinischen, mexikanischen und nordkoreanischen Fußballfans, die gleichzeitig mit uns angekommen waren, zum Ausgang des Flughafens gedrängt hatten, lief von links ein Typ auf mich zu und sagte:

»You need a taxi, Sir?«

Von rechts lief einer auf den neben mir gehenden Eric zu und fragte:

»You need a cab, my brother?«

Es ist in Johannesburg nur auszuhalten, wenn man sich in entspannt-gemischter Gesellschaft befindet. Ich glaube, es verhält sich mit dem Ende der Apartheid ein bisschen wie mit dem Mauerfall in Deutschland – viele aus der älteren Generation verharren auch heute noch in alten Mustern. Diejenigen aber, die damals Kinder waren oder später geboren wurden, nehmen die neue Realität wie sie ist, sie trauern hinter nichts her, haben nichts verinnerlicht und deswegen weniger Probleme, was die entspannte Mischung betrifft. Gute Aussichten für die Zukunft also, Südafrika. Wenn man Optimist ist. Den Vuvuzela-Händlern, die uns unentwegt ihre Tröten und Fahnen anpriesen, schien es jedenfalls gut zu gehen. Schließlich bezahlten Eric und ich für unsere mit Plastik-perlen aufgepimpten Modelle jeweils 350 Rand, umge-rechnet 35 Euro, wofür ich allerdings auch ein höllisch lautes und wunderhübsches Rohr bekam, mein ganzer Stolz.

In Johannesburg waren sie auf faszinierende Weise om-nipräsent, diese Vuvuzelas. Man wachte mit ihnen mor-gens auf und man ging mit ihnen abends schlafen. Mich hatte es wütend gemacht, als ich im deutschen Fernsehen hörte, dass 81 Prozent der WM-Zuschauer ernsthaft für ein Verbot plädiert und 18 Prozent sich noch nicht ent-schieden hatten. Konnte es wirklich sein, dass ich zu dem nur einen Prozent von Befürwortern in diesem Lande zählte? Meiner Ansicht nach verstanden die Deutschen einfach nicht, was eine echte afrikanische Dröhnung be-deutet. Es war fast wieder wie früher in den 50er-Jahren mit der Negermusik, die ja angeblich auch nur ein ein-ziges, wüstes Getrommel gewesen war, das die jungen Leute da hörten, weshalb man ihnen damals auch emp-fahl, nach drüben zu gehen.

Der überaus reizvollen, hypnotischen, trancehaften Ekstatik, wie sie die Breitwand-Vuvuzela-Drones gene-rieren, wurden also die angeblich herrlichen, stimmungs-vollen, traditions- und emotionsgeladenen Fangesänge aus den europäischen Stadien entgegengesetzt. Gesänge voller Hass und Aggression, wie mir ein afrikanischer Musiker und Fußballfan einleuchtend erklärte. Der Ambient-Schwall der Vuvuzelas verwischt hingegen alle Negativität in einer herrlichen, indifferenten Dusche aus Musik und Lärm, und so wird das Wort wohl auch korrekt übersetzt.

Mit unseren Vuvuzelas, unseren Computern, Schallplatten, Keyboards und Kuhglocken fuhren wir nach dem Essen gut gelaunt zum Soundcheck, zurück zum »Original Soundtrack«-Klub vom Vorabend.

Auf der Fahrt in den Klub fiel Eric und Justus ein, dass man unbedingt und ausgerechnet der Gruppe Culture Club mal wieder Reverenz erweisen müsste und wir deshalb noch heute Nacht deren Evergreen »Time« on top of irgendeinem Beat von uns quasi karaokemäßig drübersingen sollten. Im Klub angekommen, ordnete Eric nach kurzer Inspektion zunächst einen komplett anderen Standort für unsere Bühne an. Während der dicke Dan schwitzend und leise fluchend Boxen von der ursprünglich geplanten unteren Ebene auf die nun beschlossene obere Ebene wuchtete, sangen sich meine Kollegen schon mal voller Inbrunst ein:

»Time won't give me time, and time makes lovers feel, like they've got something real, but you and me we know we've got nothin but time, and time won't give me time, won't give me time ...«

Na ja, ich wusste ehrlich gesagt nicht so recht. Ich konnte mich der spontanen Rehabilitierungsbegeisterung für Boy George nicht so umstandslos anschließen, wollte aber auch kein Spielverderber sein, andererseits nicht jeden Blödsinn mitmachen. Also sagte ich:

»Ich weiß nicht, Leute. Können wir nicht an jemand anderes erinnern? Ausgerechnet Culture Club?«

Kein Problem, Eric fiel sofort eine Alternative ein, schön weit entfernt von süßem Britpop: Tuxedomoon aus San Francisco. Justus stieg prompt ein, im kühl-affektierten New-Wave-Duktus:

»No tears from the creatures of the night, my head's exploding, my mouth is dry, I can't help it I've forgotten how to cry.«

Die Begeisterung war direkt genauso groß wie für Culture Club – zumindest bei den beiden. Am besten wäre es, so dachte ich, wenn man diese Karaoke-Idee nicht weiter hochkochen würde. Ich beschloss, einfach das Thema zu wechseln und abzulenken, und fragte die beiden, ob sie auch schon das letzte Facebook-Posting von Christoph Gurk gesehen hätten, diese besonders witzige Version des Bilderprinzips »Bei der Geburt getrennt«, mit der jungen Angela Merkel und dem älteren Genesis P. Orridge als heimliche Zwillinge. Genesis P. Orrdige war, muss man dazu wissen, der unheimliche Kopf der extremistischen Musikgruppen Throbbing Gristle und Psychic TV. Sein Hauptaugenmerk lag in den letzten Jahren allerdings, soweit ich das beurteilen kann, auf dem allmählichen plastischen Umbau seines Körpers zu einem utopischen Transgenderwesen, was man von Angela Merkel nun wirklich nicht sagen kann. Trotzdem war die Ähnlichkeit frappierend. Der Joke war der erwartete Kracher, aber mit weitreichenderen Folgen, als ich erwartet hatte. Statt vom Thema abgelenkt worden zu sein, schlug

Justus jetzt vor, den Throbbing-Gristle-Klassiker »I Need Discipline« über unsere Beats zu brüllen, er machte es gleich vor, ungefähr so:

»DISCIPLINE! I NEED DISCIPLINE!«

Nun gut, wir würden sehen. Der Soundcheck zog sich hin, Eric holte ein paar Hamburger, dann verschwand er bis auf Weiteres aus unserem Blickfeld. Um 22 Uhr wurden die Türen geöffnet, um halb elf sollten wir pünktlich loslegen. Ich sollte bis dahin schon mal ein paar Platten auflegen. Der Zeitablauf war eng getaktet. Weil unglaublicherweise selbst unsere kleine Underground-Party von der FIFA reglementiert worden war, musste um 2 Uhr nämlich schon wieder Schluss sein. Das hatte angeblich sogar Sepp Blatter persönlich angeordnet, als er gehört hatte, dass die original Whirlpool-Productions-Buben über Johannesburg herfallen würden.

Die Leute tröpfelten spärlich herein, es war insgesamt nicht besonders gut besucht. Vielleicht lag es daran, dass »OST« eher ein Hip-Hop-Laden war und wir in der Johannesburger Rapszene noch keinen wirklich großen Namen hatten. DJ Mbuso legte seine Deep-House-Music sonst wohl auch eher in anderen Klubs auf, zum Glück war er in großer Besetzung da, das half, den Raum zu füllen. Bald fragten sich alle, wo Eric eigentlich steckte. Suchtrupps wurden losgeschickt in die umliegenden Kneipen und Gassen, denn dies war immerhin Johannesburg, vielleicht die gefährlichste Stadt der Welt. Mit leeren Händen und hängenden Köpfen kamen sie zurück. Gegen elf wurde es Justus ein bisschen langweilig und er stieg mit seinem Computer in mein DJ-Set ein, machte spontane Dubs, verlor sich in Echoschleifen, so wie Eric sich oder wir ihn offenbar irgendwo in Joburg verloren hatten. Meike begann sich nun ernsthaft Sorgen zu machen, wir ehrlich gesagt weniger. Er würde schon auftauchen. Um halb zwölf eröffnete ich unseren unvollständigen, rumpfartigen Live Act mit ein paar einleitenden Mikrofonworten:

»Ladies & Gentleman, wie schön, dass Sie heute Abend hierher ins OST gekommen sind. Wir sind zwei Drittel von Whirlpool Productions aus Deutschland. Sie hören eine Auswahl unserer Musik in heruntergestrippten, spontan manipulierten Instrumentalversionen.«

Von Eric war weiterhin nichts zu sehen. Justus dubbte und tweakte unsere Basic Tracks aufs Erstaunlichste, ich mixte A-cappellas des kalifornischen Sängers Sylvester und Luftschutzsirenen dazu – man konnte sagen, wir schlugen uns recht wacker. Gegen halb eins droppte Justus schließlich einen obskuren Edit von unserem bekannten Hit »From Disco To Disco«, und als der gerade dem Ende entgegenging, wer tauchte da gut ausgeschlafen, aber stark irritiert auf? Eric natürlich, der die Zeit in einem dunklen Backstageraum bestens getarnt hinter einer Wand aus Boxen verbracht hatte, mit einem wohlverdienten Nickerchen.

Da konnte man jetzt nichts mehr machen, unser Auftritt war leider vorbei. Wenig später begann auch schon DJ Mbuso und schaffte es tatsächlich, die Ratlosigkeit des Augenblicks im Nu zu zerstreuen. Dabei assistierten ihm nicht weniger als ein Gitarrist, ein Schlagzeuger, ein Keyboarder und ein Sänger. Nicht, dass man mich falsch versteht: Es war immer noch ein DJ-Set, alle anderen spielten ihm lediglich zu, und besonders der Gitarrist eroberte damit unsere Herzen im Sturm. Er hieß Gerah, für uns aber augenblicklich nur noch Groß-Gerah, dabei war er kleiner als jeder von uns, dafür pummeliger in seinem weiten, gestreiften Polohemd und seiner Mütze mit Ohr-wärmern. Er hielt seine Gibson-Les-Paul-Gitarre zärtlich wie ein Baby und fusionierte den klassischen, singenden und süßen Gitarrensound, wie man ihn schon seit King Sunny Adé kennt, perfekt mit dem modernen, minima-listischen Housebeat von DJ Mbuso. Wir lagen ihm zu Füßen, Justus sogar buchstäblich.

Als Mbusos Session zu Ende war, zog der nun erholte Eric noch weiter mit den lokalen Musikern in deren Stu-dio, Justus und ich hingegen waren müde und mach-ten zurück in unsere frostige Residenz. Selbstredend gibt es in Johannesburger Guest-House-Zimmern, sogar in jenen mit gehobenem Anspruch wie unseren, keine Hei-zung.

Am nächsten Tag war die Aufregung des unmittelbar bevorstehenden Eröffnungsspiels mit Händen greifbar, als wir den Nachmittag wie immer im Melville Café mit Chicken Piri Piri und Weißwein verbrachten. Dann ging es ins Goethe-Institut, wo wir im vor wenigen Tagen erst eröffneten, sogenannten »Trailer Park« nach der Über-tragung des Eröffnungsspiels noch ein wenig zum Tanz aufspielen sollten.

Das Johannesburger Goethe-Institut hatte sich vor Jah-resfrist Unerhörtes geleistet: Aus Anlass des 20-jährigen Jubiläums des Mauerfalls in Deutschland hatte man dort vor lauter Übermut einfach die Mauer um das Institut abgerissen – eine Geste von großer Symbolkraft in einer

Stadt wie dieser, in der jeder, der mehr als 50 Euro besitzt, sofort eine Mauer um seinen Besitz hochzieht, mit Stacheldraht obendrauf und Sicherheitscode an der Tür. Stattdessen hatte das Institut zur WM einen Strand aufgeschüttet, auch das ein schönes Statement in 1700 Metern Höhe. Darauf hatten sie fünf Camping-Anhänger im Halbkreis geparkt und mit Fernsehern für die Fußball-Übertragungen ausgerüstet, dazu eine DJ-Bühne und den in Südafrika obligatorischen Grill.

Nach dem Eröffnungsspiel Südafrikas gegen Mexico konnte Eric hier sein kleines Malheur vom Vorabend wiedergutmachen. Voller Verve legte er bei grimmen Graden für eine bunte Mischung aus Locals auf, die zwischen ein paar offenen Ölfass-Feuern Kicken mit Tanzen fusionierten. Mir war es ehrlich gesagt ganz recht, ihm die Turntables die meiste Zeit zu überlassen. Ich wollte nämlich noch das zweite Spiel sehen, Frankreich gegen Uruguay, und zwar nicht in einem der inzwischen allzu chilligen Campingwagen, sondern dann doch lieber im großen Vortragssaal des Instituts, wo auch schon das erste Spiel auf Großleinwand gezeigt worden war. Jetzt waren natürlich nur noch wenige, wirklich interessierte Zuschauer da, und man konnte sich so richtig in dem zu diesem Zeitpunkt der WM noch durch kein Filterprogramm gebändigten Vuvuzela-Gedröhne verlieren. Außerdem faszinierten mich die Kommentare des südafrikanischen Fußballreporters. Es hörte sich wirklich so an, als hätte er bis zum letzten Wochenende in seinem Leben nichts anderes als Rugby oder Kricket kommentiert, alles, nur keinen Fußball:

»Oh mein Gott, was machen sie da? Das französische

Team baut jetzt eine Art Mauer aus ihren eigenen Körpern, um damit zu verhindern, dass der gegnerische Spieler den Ball in ihr Tor schießen kann.«

So also musste Fußball auf einen Außerirdischen wirken. Irgendwann schoss Suarez aufs französische Tor, aber Ribery klärte zur Ecke. Für den Reporter ein unglaublicher Vorgang, mit heiserer, sich überschlagender Stimme schrie er:

»Aber was passiert jetzt? Der Spieler von Uruguay legt den Ball in die äußerste rechte Ecke des Felds und schießt ihn von dort direkt vor das gegnerische Tor! Nur durch einen Sprung in die Luft kann der Torhüter den Ball mit seinen Händen fangen, denn ihm ist das erlaubt, wenn ich mich korrekt erinnere.«

Durch die frühe Dunkelheit und Kälte ging auch die Open-Air-After-Party ziemlich früh zu Ende, ich legte zum Schluss nur noch ein paar alte Kwaito-Tracks auf, eine lokale, langsame Spielart von House, dann erlosch das Feuer. Wir hatten unsere Mission mal wieder erfüllt, mit nur wenigen Makeln. Den letzten Nachmittag verbrachten wir, wo auch sonst, bei Baby Chicken und Sauvignon Blanc im Melville Café, bis wir zum Airport gebracht wurden. Im Flugzeug sah ich zum ersten Mal im Leben den Film »Avatar«, auf einem winzigen Bildschirm, im Halb-Koma.

Als wir den Kölner Flughafen morgens um zehn verließen, begrüßte ich meine Heimat mit einem kräftigen Tuten in meine Killer-Vuvuzela, mit der ich für den Rest der WM Groß und Klein restlos beeindrucken konnte. Beinahe aber wäre es nicht dazu gekommen, denn nur Sekunden nach meinem Hornstoß schlenderte auch schon ein Polizist vorbei, sah meine inzwischen unschuldig auf dem Plattenkoffer liegende Tröte und sagte:

»Davon habe ich gestern schon zehn Stück kassiert.«

Ich sagte:

»Ja, aber die liegt da doch nur.«

»Ja, aber ich hab eben doch was gehört.«

Ich lächelte unschuldig:

»Hab doch nur ganz kurz probiert, ob nach dem langen Flug noch Töne drin sind, Herr Polizist.«

Diesem vernünftigen Argument konnte er sich nicht entziehen und ließ mich samt Vuvuzela laufen. Wir waren wieder zurück. Aber was war inzwischen aus Dennis geworden?

Imagine

Nicht die kleinste Narbe erinnerte an den grotesken Vorfall im Loft, als DJ Dionysos sieben Jahre später die Nadel auf die Platte senkte.

Jetzt ist der Sklave freier Mann, jetzt zerbrechen all die starren, feindseligen Abgrenzungen, die Not, Willkür oder freche Mode zwischen den Menschen festgesetzt haben.

Wahnsinn, dieses A-cappella. Es hörte sich an wie HP Baxter auf Yogi-Tee. Dudi hatte es ihm vor einigen Tagen, als sich abzuzeichnen begann, was geschehen würde, in die Hand gedrückt – »Da Ghost Of Muzik by The N-man«, mit momentary marker draufgetagged, sonst keine Infos auf diesem Final Vinyl White Label. Dionysos benutzte inzwischen kein Scratchato mehr, das System hatte sich überlebt, seit die durch Piezo-Elektronik aufladbare Nano-Relief-Platte erfunden worden war, das sogenannte Final Vinyl, bei dem man endlich wieder die Hände direkt auf die Musik legen konnte, aber ohne Kisten schleppen zu müssen, doch das war nicht das eigentlich Unglaubliche.

Wer hätte damals, bei dieser vom Beppster inszenierten ersten Dionysos-Night schon ahnen können, dass er heute Abend auf der Afterparty seiner eigenen Inauguration auflegen würde – und zwar gleichzeitig holografisch in Pjöngjang, Guantanamo, Lhasa, Bonn, Bagdad, Jerusalem und Antananarivo? Man hatte ihn zum sogenannten Global-Headliner gewählt, zum ersten postnationalen Weltpräsidenten. Denn siehe, die Länder der Erde hatten in kollektiver Einsicht dann doch endlich beschlossen, die wichtigsten Hindernisse für eine gedeihliche Zukunft des Planeten zügig aus dem Weg zu räumen. Die Dinge, wegen derer sich die Menschen in früheren Zeiten endlos die Köpfe eingeschlagen hatten, die marginalen Unterschiede, auf die sich so viel eingebildet hatten, hatten sich in Wohlgefallen aufgelöst und wurden jetzt höchstens noch aus folkloristischen und musealen Gründen gepflegt.

Sicher, nicht alles war eitel Sonnenschein. Dionysos hatte zum Beispiel die DS anheuern müssen, die Decksharks, die Jungs, die früher immer um die DJ-Box herumgestanden und auf die Platten geglotzt hatten, um herauszufinden, welches Lied gerade lief. Aber seit alles digitalisiert war, gab es für die Decksharks nichts mehr zu sehen. Also hatte Dionysos sie engagiert, damit sie jetzt statt mit dem Gesicht mit dem Rücken zur Box standen. Wie Prätorianer trotzten sie dem Ansturm der begeisterten Jünger, als die nächste Zeile dieses fantastischen A-cappellas kam und Dionysos die Lebenspauke dröhnen ließ. So wurde die Kickdrum gemäß dem aktuellen »Hype«, wie Gesellschaftsgebote nun hießen, seit Neuestem genannt.

Singend und tanzend äußert sich der Mensch als Mitglied einer höheren Gemeinsamkeit: Er hat das Gehen und Sprechen verlernt und ist auf dem Wege, tanzend in die Lüfte emporzufliegen. Aus seinen Gebärden spricht die Verzauberung. He likes to move it, move it.

Hinter Dionysos standen im DJ-Pult Dudi Rutschke, Dalia Lama und Beppo der Beppster, alle mit dem Beat nickend, lächelnd und glücklich über die Entwicklung, die das Schicksal der Welt genommen hatte. John Lennons »Imagine« war wahr geworden,

DJ Dionysos legte gerade seinen »Imagine There's No Vocals«-Edit auf, mit dem A-cappella vom N-man drübergelegt. Seiner und Lennons Maximalforderungen hatte sich die große Mehrheit der Weltbevölkerung angeschlossen. Die über das Internet in rasender Geschwindigkeit weltweit massenhaft verbreiteten DJ-Sets hatten es möglich gemacht und die verkrusteten Systeme reihenweise purzeln lassen. Eine überwältigende Mehrheit der Menschen hatte für die Abschaffung des Status quo und eine entspannte Neubetrachtung des Planeten als »One Club« gestimmt. Außer den Irregeleiteten, die für »One Floor« oder »One Area« gevotet hatten. Der Eartho war eingeführt worden, als eine Währung für alle Menschen.

Es waren die DJs gewesen, die diese erstaunlichen Entwicklungen durchgesetzt hatten. Die Welt hatte sich tatsächlich, genau wie es die Prophezeiung seit Menschengedenken verheißen hatte, durch Musik verändert. Und da die DJs seit Beginn der modernen Zeitrechnung, also seit 1968, die obersten Diener im Weinberg der Musik waren, wurde nun jedes Jahr einer von ihnen zum Headliner gewählt, denn gewählt wurde natürlich immer noch, alles war sehr gern geschehen, niemand gezwungen, erschossen und nur wenige in den berüchtigten »Ambient« deportiert worden, ein auf die Dauer sterbenslangweiliger Ort der Ausgestoßenen.

Dass ausgerechnet Dionysos beim Ultimate Casting als erster Welt-DJ gevotet worden war, machte ihn ein bisschen verlegen, war aber nicht wirklich ein Wunder. Bei der großen Welt-Vollversammlung der Crowds hatte er erklärt, dass das Verhältnis DJ zu Crowd eigentlich das optimale Modell für ein von gegenseitigem Respekt und Vertrauen geprägtes Herrschafts-Verhältnis sei und dass er deswegen grundsätzlich keine Hörerwünsche spielen würde, weil er die Menschen ja schließlich mit auf eine Reise

nehmen wolle. Dieser Überzeugungskraft war wenig entgegenzusetzen gewesen.

Gut, die ravenden Nymphen, die in mystischen, zeremoniellen Choreografien mit dem Po wackelten und Tücher flattern ließen, kamen nicht völlig freiwillig mit auf die Reise, sondern bekamen eine Aufwandsentschädigung. Und den sogenannten »Nektar der Erlösung«, ein Mix aus Kokoswasser und gelber Chartreuse, gab es für zwei Earthos pro Shot. Irgendwie mussten sich diese ganze Dionysien ja auch finanzieren. Das Regieren zeichnete sich jetzt schon als so stressig ab, und das Parlament war teilweise auch einfach so verpeilt, dass Dionysos beschlossen hatte, entgegen der Absprachen erst mal zwei Jahre als Diktator zu arbeiten, bis er einigermaßen Überblick über die Lage hätte.

Eine der ravenden Nymphen kam mit einem Glas Nektar zu ihm und tippte ihm auf die Schulter. ER fuhr herum und herrschte sie an:

»Ich mixe! Lass mich weitermixen!«

War es Traum? War es Rausch? Was es auch immer war, Dennis würde sich bis auf Weiteres weigern, daraus zu erwachen.

Listenwesen

15 Aphorismen

Destilliert aus dem sogenannten »Spielbericht« einer Kolumne, die ich jede Mittwochnacht direkt im Anschluss an meine Radiosendung »Plan B mit Hans Nieswandt« bei WDR 1LIVE schreibe

1. Die gute, alte Vinyl-Schallplatte bietet nach wie vor gestalterische Möglichkeiten wie kein anderes Medium. Oder hat etwa schon mal jemand einen KIRSCHROTEN MP3-File gesehen? In Herzform?
2. Profan ist der neue Glamour.
3. Erstaunlich, dass heutzutage von Liedern, die 2001 produziert wurden, Edits gemacht werden (können), die sich anhören, als wär das Original von 1973.
4. Nur immer weiter mit dieser Citybeach-Industriebrachen-Mucke!
5. So macht Globalisierung Spaß, es ist fast wie ein Witz: remixt ein Deutscher einen Afrotrack von einem Japaner.
6. J'excuse!, wie wir Jazzer sagen.
7. In meinem House ist Platz für viele Sorten Dub.
8. Mein Gedächtnis ist wie ein ... wie nennt man es noch ... Sieb.

9. Pudding ist mein ganzes Leben, Pudding ist totale Ekstase und so weiter und so fort. Ich hab schon Dümmeres gehört.

10. »Einmal Rasieren und Haareschneiden«, wie man das in der Edit-Szene nennt.

11. Ich bin mir nicht sicher, was es ändern würde, wenn Bäume tanzen könnten. Vielleicht machen sie es ja, wenn wir nicht hinsehen, so wie rauchende Kühe.

12. Erneuerbare Energie: Man nimmt einfach alte Tracks, recycelt sie mit modernen Mitteln, gewinnt hochwertigen Brennstoff und kann damit immer wieder neue Generationen effektiv betanken.

13. Die beschränkten Speicherkapazitäten dieser Zeit, der magischen, frühen 90er-Jahre zu rekonstruieren wie eine moderne Familie, die fürs Fernsehen wie im Mittelalter lebt, und sich somit unter stärkeren Sachzwang zu stellen, anstatt im Meer der Beliebigkeit infiniter Variationsmöglichkeiten zu ertrinken, greift in diesen Tagen verstärkt um sich – und ich registriere es mit Wohlwollen.

14. Der viel zitierte seelenlose Plastikcharakter von Disko nimmt sich aus heutiger Sicht absolut erdig und soulful aus.

15. Ja, durchtanzbarst. Das Wort gibt es.

Die 10 hippsten Disko-Mix-Getränke

Gemixt von DJ Papa Skunk, big up, nuff respect and many tanks!

1. Disko-Diktator
8 cl Strohrum, 10 cl fritz-kola, 2 cl Ephedrin. In ein Highballglas über gestoßenes Eis geben; mit 1/2 Teelöffel Blattgoldflocken bestreuen.

2. Wurstwasser
   Kokoswasser und Chartreuse Jaune zu gleichen Teilen, bei
   Zimmertemperatur im Grappa-Glas.

3. Krautrock
   10 cl Jägermeister und 15 cl Sauerkrautsaft im halb mit Eis
   gefüllten Weißbierglas mischen; mit 1 Zweiglein Afgooey
   Super Melt umrühren.

4. Wodka Physalis
   2 cl Wodka, 4 cl Physalis-Likör und 2 Cocktail-Zwiebeln
   über 5 Eiswürfel geben; mit Fanta Grapefruit auffüllen.

5. Weleda Shprits
   Im Weißweinglas Eiswürfel, 10 cl Liebfrauenmilch und 1
   Spritzer Club Soda mischen; 3 cl Granatapfel-Serum darü-
   berträufeln, mit Calendula-Blüten garnieren.

6. Drive-By Download
   1 Spritzer Johannisbeersaft, 1 Spritzer Ananassaft, 2 cl Rat-
   zeputz, 2 cl Ethanol. Mit Eis schütteln, in ein gefrostetes
   Shot-Glas abseihen, anzünden und sofort servieren.

7. Aperçu
   4 cl Aperol, 4 cl kubanischen Rum und 8 cl Kombucha
   über 1 Kugel Zitroneneis geben; 5 min abstehen lassen.

8. Paradiddle
   4 cl Alizé Bleu und 4 cl Black Death mit Eis schütteln; ab-
   geseiht mit 1 Streifen Avocadoschale im Martini-Glas mit
   Salzrand anrichten. Tabasco nach Geschmack.

9. Duschbeutel
   10 cl Yak-Milch, 10 cl Red Bull, 4 cl Knoblauch-Schoko-
   Likör, 1 Daumenspitze Gelée Royale. Über Bunsenbrenner
   verrührt lauwarm servieren.

10. Tom Cruise

6 cl Hintenhoch, 3 cl Zitronensaft und 1 Teelöffel Puder-
zucker mit reichlich Eis gut durchschütteln. In ein Collins-
Glas seihen und 10 cl Club Soda hinzufügen. Umrühren
und mit 1 Maraschino-Kirsche und 1 Schnitz Orangen-
haut dekorieren.

DJ Dosenpfands Playlist

*besonders die Nummer 17 suche ich schon lange, ein ganz obsku-
res Teil ...*

1. Franz Ferdinand – Take Me Out
2. The Strokes – Last Night
3. The White Stripes – The Denial Twist
4. Beastie Boys – Sabotage
5. Lynyrd Skynyrd – Sweet Home Alabama
6. Led Zeppelin – Whole Lotta Love
7. Jimi Hendrix – Foxy Lady
8. Michael Jackson – Thriller
9. The Clash – London Calling
10. Ton Steine Scherben – Wir Müssen Hier Raus
11. Iggy Pop – Passenger
12. Ideal – Berlin
13. Ton Steine Scherben – Keine Macht Für Niemand
14. Ramones – Blitzkrieg Bop
15. Die Ärzte – Arschloch
16. Scissor Sisters – I Don't Feel Like Dancin'
17. Zuschauerwunsch – unbekannt
18. Panjabi MC – Beware Of The Boys
19. Curtis Mayfield – Move On Up

20. T-Rex – Children Of The Revolution
21. David Bowie – Rebel Rebel

10 Lautmalerische Minimal-House-Umschreibungen

wichtig: sie beginnen grundsätzlich immer nur mit k oder p.

Klöppeln
Pöppeln
Knürpseln
Plöcken
Knurzen
Pfften
Kssten
Pumpeln
Krumpeln
Pfoten

10 Reaktionen auf die Antwort »Mein Vater ist DJ.« Nach der Frage: »Was macht denn dein Vater?«

As experienced by N. N.

1. Wie ist denn der DJ-Name?
2. Ach, echt?
3. Was legt der denn auf?
4. Hmm, den kenn ich nicht.
5. Hä? Wie alt ist der denn?
6. Ach, wie cool!
7. Wo legt der denn auf?
8. Auch im ›Nachtflug‹?
9. Ja, klar, als ob.
10. Laber!

Neue, dramatische Entwicklungen in der Hörer-wunsch-Szene!

1. Wünschende brüllen ihren Wunsch dem DJ heutzutage nicht mehr ins Ohr, sie tippen ihn in ihr Handy-Display und reichen es ihm dann rüber, damit der DJ Dinge lesen kann wie: »Süpiuelö makl qwasd vcopnm Tzrewnbempoeler.« Oder »fzbstep?«.

2. Auf die Hörer-Frage: »Spielst du auch Hörerwünsche?« und die Antwort: »Ich kann nur das spielen, was ich dabei hab.« zücken insbesondere junge Damen immer häufiger trium-phierend den iPod mit der Ansage: »Nummer 47 bitte! Ich weiß leider nicht mehr wie das heißt, aber es ist echt super!« Dies wird höchstwahrscheinlich zumindest bei mir dazu füh-ren, mittelfristig meine traditionell liberale, offenohrige Ein-stellung in Bezug auf Hörerwünsche ganz aufzugeben und durch eine harte, kompromisslose Linie zu ersetzen. War es das, was ihr wolltet?

3. Hörerwünsche werden vorab auf Facebook gepostet.

4. Hörerwünsche werden immer hasserfüllter, es wird zuneh-mend unenthemmt abgehatet, etwa so:
»Hasst du was von Curtis Mayfield?«
Worauf ich sagen muss:
»Eigentlich nicht. Das meiste liebe ich sogar. Schade, ich hab gar nichts von ihm dabei heute.«

5. Hörerwünsche werden sofort eingefordert.
»Kannst du ›I See The Darkness‹ im Acid-Pauli-Remix spielen?«
»Coole Idee! Das mach ich!«
»Versprochen?«
»Versprochen.«

Die wünschende Person geht dann aber nicht tanzen, sondern bleibt einfach neben dir stehen. Du fragst:

»Ja? Gibt es noch etwas?«

Antwort: »Ich dachte, du würdest meinen Wunsch spielen.«

5 Sätze, die ich mir nicht helfen kann zu sagen

Das ist okay mit mir.
Damit bin ich unten.
Das macht eine Menge Sinn.
... wenn du weißt, was ich meine.
Ich bin fein.

10 Bücher, die ich gelesen habe ...

... aus »Recherchegründen« für »DJ Dionysos«, vielleicht aber auch, um mich vor dem Schreiben zu drücken. Wer weiß das schon?

Vince Aletti – »The Disco Files 1973–1978«
Gregorio C. Brillantes – »Chronicles of Interesting Times«
Richard Dawkins – »The God Delusion«
Barbara Ehrenreich – »Dancing in the Streets«
Tim Lawrence – »Loves Saves the Day«
Friedrich Nietzsche – »Menschliches, Allzumenschliches«
Tobias Rapp – »Lost and Sound«
Jon Savage – »Teenage«
Michael Schmitz-Salomon – »Stolbergs Inferno«
Peter Sloterdijk – »Du mußt dein Leben ändern«

9 potentielle Labelnamen

und die Musikrichtung, die auf ihnen erscheinen könnte ...

Wasserhahn Records (Ambient)
Regal Records (Abstract)
Ceran Disques (French House)
Toastbrot Tonträger (Dubstep mit deutschen Texten)
Leergut (Minimal Techno)
Kochtopf Schallplatten (Tribal House)
Apfel Records (Beatlesmusik)
A Chopping Board & A Bottle Of Wine (Disco Edits)
Kräutertopf Selections (Wurzel-Reggae)

okay, ich sitze gerade in der Küche und brainstorme ...

15 zeitgenössische Platten, die ich in den letzten zwölf Monaten verdammt oft gespielt habe, hintereinandergemixt

Simon Flower – »Send In The Clowns« (2000 and One Remix)
Motorcitysoul – »Aura« (Jimpster Remix)
Robag Wruhme – »Dopamin«
Mark Broom vs. Brothers Vibe – »Mind/Feeling«
Protest – »Robert Schumann Clara Wieck«
Superpitcher – »Rabbits In A Hurry«
Danel Maloso – »Ritmo Especial«
Goosebumpz – »Shining Lights«
GusGus – »Hateful« (Ada feat. Mayburg Remix)
Moody – »It's 2 Late 4 U And Me«
Wax – »10001«
Mountain People – »Mountain 010 1«
Maayan Nidam – »Na Und«

Zander VT – »Trying Some More«
Matias Aguayo – »Menta Latte« (Prins Thomas Remix)

11 potenzielle Projektnamen

Jichael Mackson oder Wevie Stonder, nach diesem Prinzip bastelt man sich heutzutage einen schicken, popreferentiellen Projekt-namen. Hier ein paar aus meinem Ausschuss für dieses Buch:

Garel Kott
Hock Rudson
Jick Magger
Bavid Dowie
Kelmut Hohl
Billy Wrandt
Niedrich Fietzsche
Dan Jelay
Barry Helafonte
Buck Cherry
Schocko Ramoni

25 (Disko-)Filme mit Diskoszenen

Coogans Bluff
Roller Boogie
Basic Instinct
Cruising
Disco Magic Theatre
Shanghai Dreams
Bollywood: Disco Dancer
Foul Play
Can't Stop The Music

Avenging Disco Vampires
2001 Odyssey
Fright Night
Erscheinen Pflicht
Disco Fever
The Stud
Hellraiser 3
Dracula Blows His Cool
Macho Man
Berlin Calling
Disco Pigs
The Search For One-Eye Jimmy
Klai ho na hoo
Om Shanti Om
Kickboxer
The Disco Godfather

11 DJ-Songs außer »Last Night A DJ Saved My Life«

Zhané – »Hey Mr. DJ«
Malcolm McLaren/World's Famous Supreme Team Show –
    »Hey DJ«
Secret Weapon – »DJ Man«
Glass Family – »Mr. DJ, You Know How To Make Me Dance«
Robbie Williams – »Rock DJ«
Tony Touch– »I Wonder Why (He's The Greatest DJ)«
Gang Starr – »DJ Premier in Deep Concentration«
Goody Goody – »#1 Dee Jay«
Faithless – »God Is A DJ«
Kikrokos – »Jungle D.J.«
The Smiths – »Hang The DJ« (*okay, heißt eigentlich »Panic« ...*)

10 Freak-Songs außer »Le Freak«

Universal Robot Band – »Freak With Me«
Nightlife Unlimited – »Dance, Freak and Boogie«
Lemon – »Freak On«
Adina Howard – »Freak Like Me«
Isaac Hayes – »Zeke The Freak«
Hans Nieswandt – »Freaks, I See Life«
Hey Karolin – »Freak In The Presence Of Beauty«
Was (Not Was) – »Out Come The Freaks«
Dinosaur Jr. – »Freak Scene«
Jens Zimmermann – »Hey Freak«

10 Top-Edits

Das für mein Empfinden interessanteste, aktuelle Geschehen auf dem immer obskurer werdenden Vinylmarkt ist die kreative Huldigung des Songs mit den Mitteln des Edits. Während der Sampletrack nur Fragmente benutzt, um etwas Neues daraus zu machen, und der Bastard Pop Track nur beweisen will, wie sehr man alles gegen den Strich bürsten und aus wilden Kombinationen wiederum etwas Neues schaffen kann, will die Huldigung genau das: dem Song huldigen, ihn noch besser machen, das Beste aus ihm herausholen, den Leuten die bisher übersehene Größe vor Augen führen.

Fleetwood Mac – »Dreams«
Womack & Womack – »Conscious«
The Bangles – »Dub Like An Egyptian«
Michael Jackson – »I Can't Help It«
Hot Chocolate – »Cadillac«
LTD – »If You're In Need«

Stevie Wonder – »Superstitious«
Thin Lizzy – »Johnny the Fox«
Lindsay Buckingham – »Trouble«
Unknown – »Minimal Elvis«

DJs for President

10 DJs, die man sich mal im höchsten Amt vorstellen muss. Die Vorstellung kann auch gruselig sein. Das kann jeder für sich entscheiden.

DJ Hell
Ricardo Villalobos
Wolfgang Voigt (okay, kein DJ, aber: what a president!)
Eric D. Clark
Paul van Dyk
Westbam
Monika Kruse
DJ Dosenpfand
Daniel Wang
Papa Skunk

Sven Väth wird nicht erwähnt, weil ich ihn mir nicht als Präsidenten vorstellen kann. Das geht nicht gegen Sven. Sven ist cool. Aber ich kann ihn mir trotzdem nicht als Präsidenten vorstellen. Wenn Sven Väth eines Tages Präsident werden sollte, werde ich schön blöd dastehen.

S. 112–115 »I GET DEEP«
Musik & Text: Roland Clark, © by Greyhouse Music/Haripa
Music SVL: Neue Welt Musikverlag GmbH & Co. KG, 75 % /
© Haripa Music / Musik Edition Diskoton GmbH (Universal
Music Publishing Group), 25 % mit freundlicher Genehmi-
gung

Hans Nieswandt. Disko Ramallah und andere merkwürdige Orte zum Plattenauflegen. KiWi 933

New York, Frankfurt oder Ibiza hießen einst die glamourösen Orte der Clubszene. Inzwischen finden sich auf der DJ-Landkarte von Hans Nieswandt ganz andere Namen wieder: Ankara, Alexandria, Kiew, Sankt Petersburg, Rio, Kairo, Beirut, Palanga oder eben auch Ramallah im Westjordanland. Elektronische Tracks flitzen der Globalisierung voraus wie früher die Delphine um den Bug eines alten Handelsschiffes. Davon erzählt »Disko Ramallah«.

www.kiwi-verlag.de

Hans Nieswandt. plus minus acht. DJ Tage DJ Nächte.
KiWi 674

Hans Nieswandt erzählt von seinem Leben als DJ – irgendwo in Clubs zwischen Köln und Johannesburg.

»Die kenntnisreichste Einführung ins Handwerk des DJ's, die man sich vorstellen kann. Eine kurze Historie des Pop in Gestalt einer persönlichen Bildungsgeschichte.«
Der Tagesspiegel

www.kiwi-verlag.de

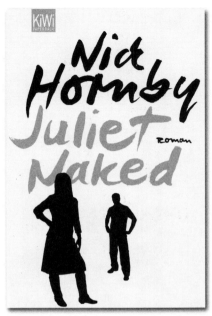

Nick Hornby. Juliet, Naked. Roman. Deutsch von Clara Drechsler und Harald Hellmann. KiWi 1172
Verfügbar auch als eBook

Tucker Crowe, ehemaliger Rockstar und Ikone einer kleinen Schar glühender Anhänger, lebt zurückgezogen in einer amerikanischen Kleinstadt. Seinetwillen stellt Annie im weit entfernten England ihre Beziehung zu Duncan in Frage ...

»›Juliet, Naked‹ ist so gut, so lustig und so schräg wie seine Vorgänger ›High Fidelity‹ oder ›About a Boy‹.« *Brigitte*

www.kiwi-verlag.de

Eric Pfeil. Komm, wir werfen ein Schlagzeug in den Schnee.
Die Pop-Tagebücher. KiWi 1166

Der Musikkritiker Eric Pfeil sucht die Glückseligkeit, er findet Freude und Schönheit in der Popmusik – und verzweifelt genauso oft an ihr. »Komm, wir werfen ein Schlagzeug in den Schnee« ist ein lustvolles, verrücktes, kluges Buch über des Menschen wichtigstes Lebenselixier. So klingt Musik, wenn sie Literatur wird.

»Eric Pfeil, einer der besten Musikkritiker dieses Landes, lässt seine Tür offen stehen. Ich möchte ihm sofort das Plattenregal leer klauen. Sein Buch hat mich wieder neugierig auf Popmusik gemacht. Danke.«
Rocko Schamoni

www.kiwi-verlag.de

Benjamin v. Stuckrad-Barre. Auch Deutsche unter den Opfern.
KiWi 1164

»Wer unsere Republik im neuen Millennium begreifen will, kommt an diesem Buch nicht vorbei.« *Der Spiegel*

»Der Autor beschreibt, was *ist*. Er schreibt Szenen, Momentaufnahmen, szenische Ausschnitte. Von diesen Ausschnitten kann der Leser auf das *Ganze* schließen oder auch nicht. Im ersten Fall amüsiert er sich, im zweiten denkt er darüber nach, worüber er sich amüsiert hat und was das *Ganze* sein könnte.« *Helmut Dietl*

»Einen besseren Chronisten unserer Zeit gibt es einfach nicht.« *Die Zeit*

www.kiwi-verlag.de